JN246300

写真集

インドネシア残留元日本兵

なぜ異国で生涯を終えたか

長洋弘
Chō Yōhiro

社会評論社

インドネシア独立戦争と残留元日本兵

第二次大戦前、インドネシアは宗主国オランダの植民地支配下にあった。太平洋戦争の勃発とともに日本軍はオランダの支配地域を制圧して軍政を敷いた。戦況が悪化するにつれ日本軍は、現地住民を動員して「兵補」と呼ばれる補助兵力の組織をつくり、さらに「郷土防衛義勇軍」を編成し、その指導教官には日本軍の将兵があたった。

日本軍は侵攻当初から、インドネシアの独立・自治を宣伝していた。実態は宣伝どうりではなかったが、インドネシア民衆の独立希求の動きは強く、日本が降伏した2日後の１９４５年8月17日、スカルノ、ハッタによって、インドネシア独立宣言が読み上げられた。しかし、この年の9月、連合軍として上陸したオランダ軍は、インドネシア再植民地化をめざしてジャカルタで軍事行動を起こす。これに対してスカルノは人民治安軍編成を公布して対決した。その中核となったのが「兵補」や「郷土防衛義勇軍」だった。こうしてインドネシア独立戦争が勃発した。

日本軍将兵は敗戦に衝撃を受け、戦犯となる恐怖に襲われていた。原爆と空襲による祖国の惨状が口伝えで広がった。捕虜は5年間の強制労働、日本へ帰る輸送船は撃沈といった流言飛語がとびかった。動揺する日本軍将兵に、連合軍はインドネシアの治安維持を命令したが、武器が不足していたインドネシア軍は、各地で日本軍の収容所を襲撃して収奪した。武器を渡さなければ死につながり、渡せば連合軍の処罰が待っていた。さらに兵補や郷土防衛義勇軍の若者は、指導を受けた日本人教官に、独立戦争に加わるよう迫った。日本将兵の心には「戦陣訓」の一節、「生きて虜囚の辱めを受けず死して罪禍の汚名を残すこと勿れ」の言葉が重くのしかかっていた。インドネシアに残留した日本兵は、こうした状況のなかで生まれたのだった。彼らは様々な理由から、所属する部隊を「離隊逃亡」して独立戦争に加わった。その数はインドネシア全土で９００人にのぼるといわれている。

独立戦争は、１９４９年（昭和24年）のハーグ協定により終結し、翌年インドネシア共和国が成立する。この間、１９４７年（昭和22年）５月までに、インドネシアにいた日本兵、軍属、一般邦人が祖国に撤収して行った。しかし、インドネシアの山岳を舞台に独立戦争を戦っていた多くの日本兵は、このことを知らなかった。そして戦争が終わった時、約６００人の日本兵が戦死、行方不明となっていた。

独立戦争を生き抜いた日本兵は、トラック輸送の用心棒、漁師、物売りなど様々な職業についた。インドネシア人女性と結婚し、子どもをもうけている者も多く、生活の基盤をつくるための苦労が彼らを襲った。１９５２年（昭和27年）ごろになると、日本人が商用でインドネシアに姿をみせるようになり、駐在事務所が置かれて残留元日本兵も日本企業の仕事につくようになった。インドネシアの復興とともに、彼らも多くの職業で活躍するようになっていく。

望郷を胸に秘めつつ、彼らは祖国に帰らなかった。正確には帰れなかったというべきだろう。現地の妻子を見捨てることはできなかった。敗戦の混乱のなかとはいえ、独断で部隊を離れた「逃亡兵」の意識も日本へ帰ることの障害になった。敵前逃亡は旧軍刑法によれば銃殺であり、非国民になるのだった。いまでは想像を絶することだが、彼らはまさに軍国日本の犠牲者だった。

残留元日本兵と私

１９８2年、私は残留元日本兵の存在を知り、2年後彼らと衝撃的な出合いをする。そして１９８４年に取材を開始した。最後の日本兵となったのは東部ジャワにお住いの元陸軍曹長小野盛氏で、２０１４年8月25日のことである。私が取材を始めて30年目にあたる。思えば初めてお会いした彼らの第一声は「生きた証《あかし》が欲しい、このままでは死ねない」だった。このままでは死ねないとは、逃亡兵の汚名を着たままでは死ねないということである。旧軍刑法では敵前逃亡は重罪であり、その汚名は国内家族、親族まで及び、非国民として扱われた。当時彼らの心の中に戦陣訓が生きていたことは確かである。私は、「生きた証」を残そうと30年間の長きに渡り日本とインドネシアを行き来した。

最後の日本兵となるまで付き合おうと私が決意したのは、１９９５年、インドネシアに残り結果的にインドネシアと日本の架け橋となった彼らを、当時の日本国大使・渡辺泰造氏が大使公邸で感謝状を渡したときだった。汚名が晴れた歴史的瞬間であり、その場にいた私は体が震えた。そこには私の作品『帰らなかった日本兵』が反映されていた。この年、ジャカルタで開催された写真展では、元日本兵が独立戦争に参加した事実をインドネシア国民に流布した。

２０１１年、私は最後の日本兵となる小野氏の近くに住みたいと思いスラバヤに住み、晩年の彼に付き合った。残留元日本兵と彼らの二世三世を取材した経験は、私に多くのものをもたらしたと思っている。

目次

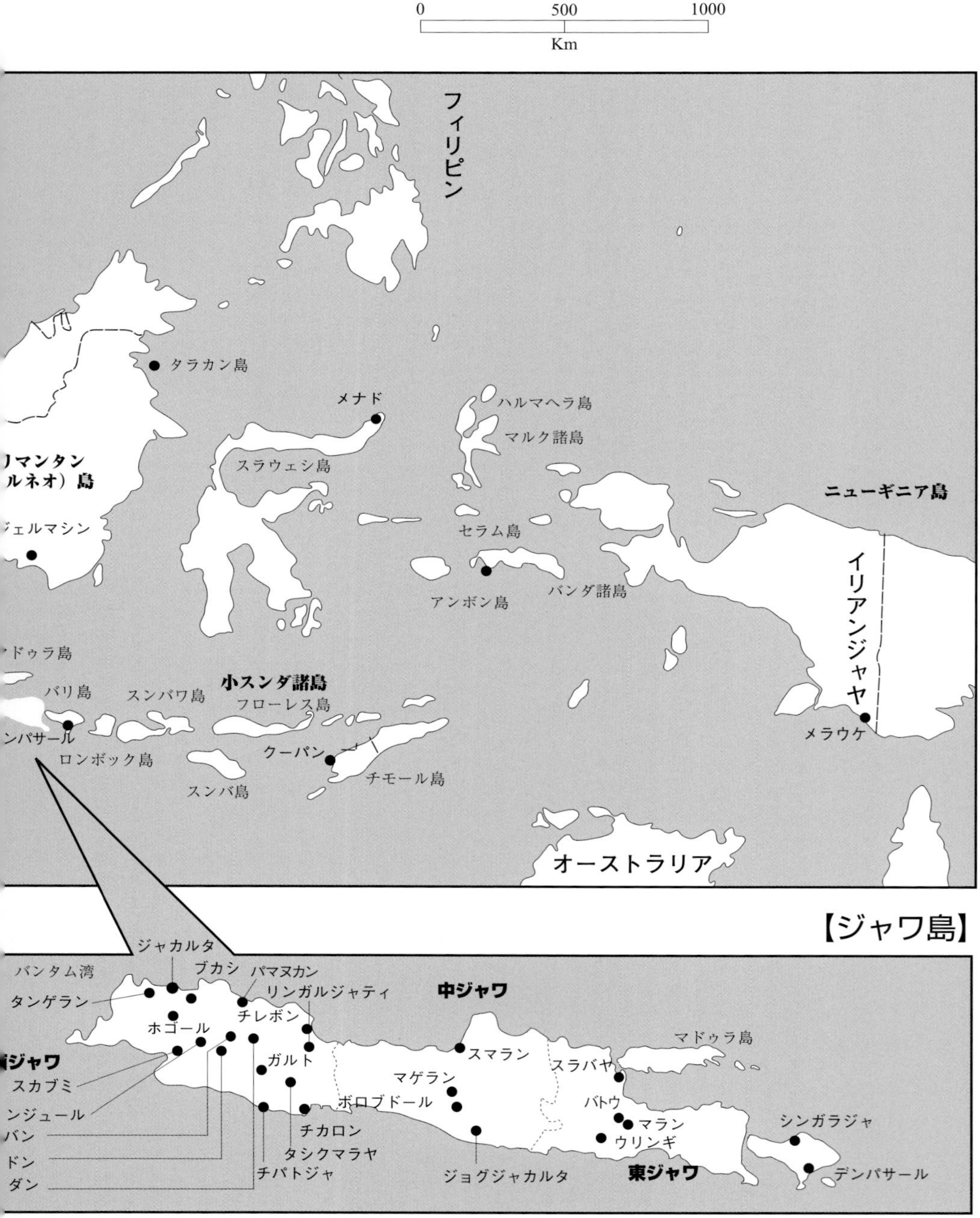
0
500
1000
Km
フィリピン
タラカン島
メナド
ハルマヘラ島
マルク諸島
リマンタン
ルネオ）島
スラウェシ島
ニューギニア島
ェルマシン
セラム島
アンボン島
バンダ諸島
イリアンジャヤ
ドゥラ島
小スンダ諸島
バリ島
スンバワ島
フローレス島
ンパサール
ロンボック島
クーパン
チモール島
スンバ島
メラウケ
オーストラリア
【ジャワ島】
ジャカルタ
バンタム湾
ブカシ
パマヌカン
タンゲラン
リンガルジャティ
中ジャワ
チレボン
ホゴール
ジャワ
スマラン
マドゥラ島
ガルト
マゲラン
スラバヤ
スカブミ
ボロブドール
バトウ
ンジュール
マラン
チカロン
シンガラジャ
バン
ウリンギ
ドン
タシクマラヤ
ダン
チパトジャ
ジョグジャカルタ
東ジャワ
デンパサール

本書は多くの写真を使用している。個人データーの見方は次のようにした。
個人の説明文の上に、元日本軍階級　氏名　現地名を配し、文末に
①生年月日　②出身地　③主に居住した住所　④戦後の職業など　⑤家族、その他である。
尚、没年月日も付したが、未確認については、死去日不明とした。写真の区分は、私が取材する以前のものは本人、国内家族提供であり、ヤヤサン福祉友の会提供は（J）、北国新聞社提供は（H）とした。

【インドネシア全図】

【スマトラ島】

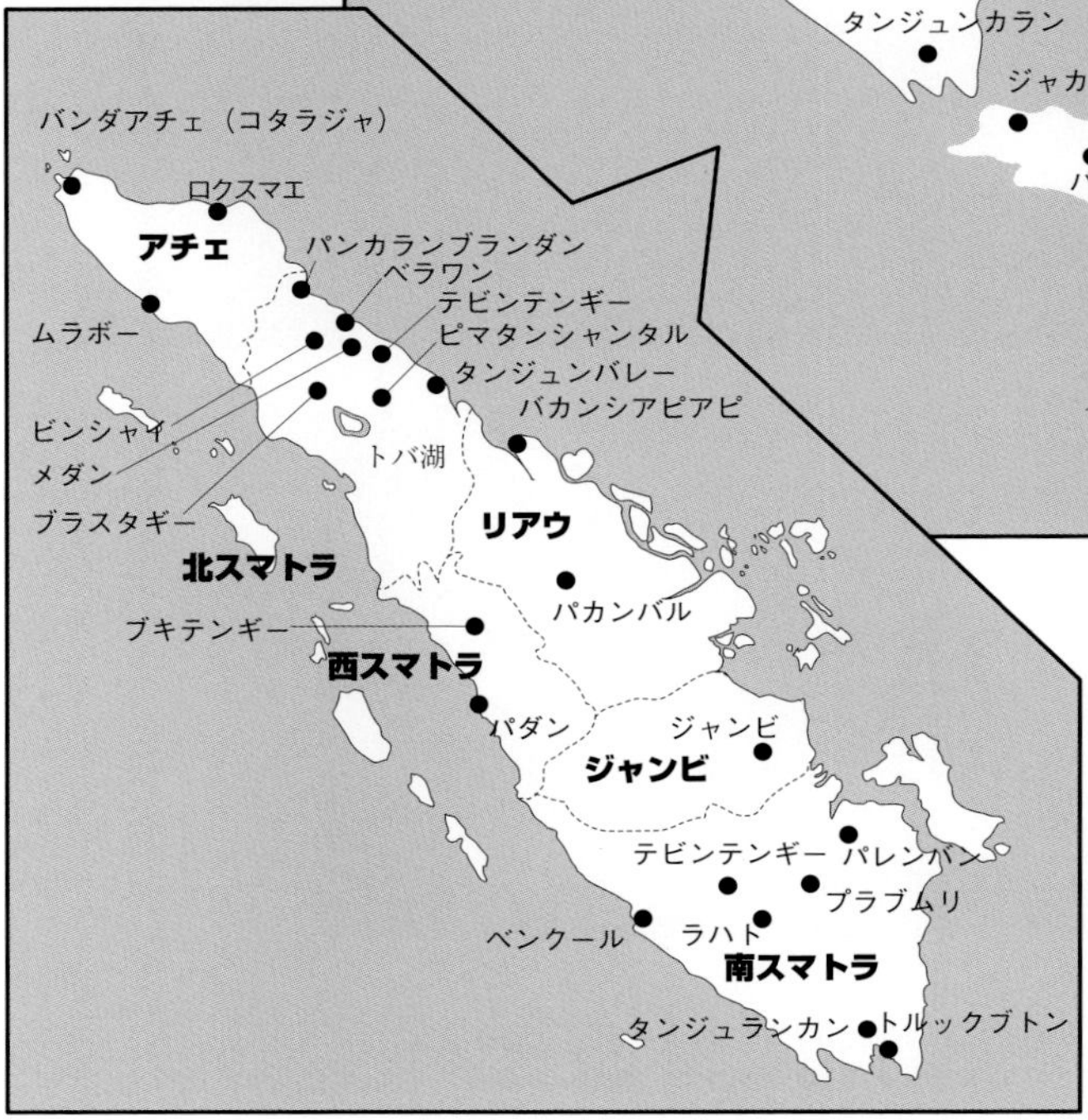

最後の日本兵　小野盛

1

2

3

1　2005年（平成17年）自宅で半生を語る小野。
2　日本軍時代の小野、1943年（昭和18年）ころ。
3　2005年、近くのモスクに詣でる小野。

元陸軍曹長　小野盛　ラチャマト・S・オノ

日本将兵の引き揚げ名簿を作成していたとき、上官に「俺には国に妻子がいるから帰国を譲ってくれ」と頼まれ、小野は承諾した。インドネシア青年に誘われ独立戦争に参加、戦闘中の１９４８年、被弾し左肘下を失った。離隊時の小野の日記、「１９４５年12月29日、大二七旅団司令部より離脱。イ民衆の状況不利」とある。小野は離隊時、詩を残している。「親思う　松陰の詩に　胸打たれ　髪と爪をば　帰れる友に」。①１９１９年（大正８年）９月26日生まれ②北海道③ジャワ島バトウ④農業、貿易業など⑤妻と子７人２０１４年８月25日死去

（次頁）2009年（平成21年）、戦争を語る小野は被弾して失った左腕を見せ顔をしかめた。

1

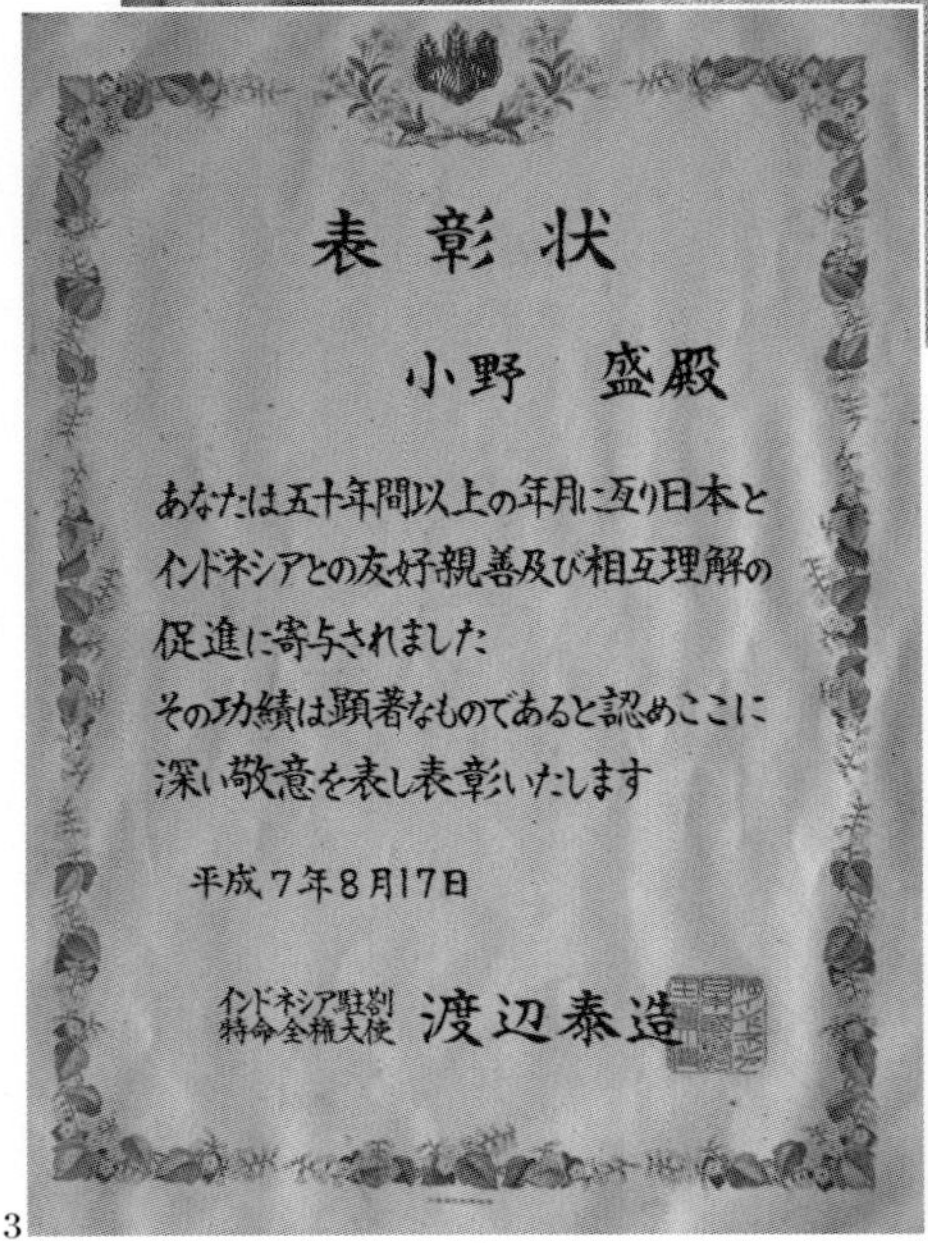

表彰状

小野　盛殿

あなたは五十年間以上の年月に亘り日本と
インドネシアとの友好親善及び相互理解の
促進に寄与されました
その功績は顕著なものであると認めここに
深い敬意を表し表彰いたします

平成7年8月17日

インドネシア駐劄
特命全権大使　渡辺泰造

3

Presiden Republik Indonesia

Republik Indonesia.

Surat tanda Djasa Pahlawan

Kami Presiden-Panglima Tertinggi
Angkatan perang Republik
Indonesia

Menganugerahkan Tanda Djasa Pahlawan
kepada:

Nama:
Pangkat:
Djabatan:
Kesatuan/Djawatan:

Atas djasanja
didalam perdjoangan gerilja membela kemerdekaan Negara.
Djakarta, tanggal

Presiden-Panglima Tertinggi
Angkatan Perang Republik
Indonesia.

Sukarno.

2

4

1　小野の生きた証である英雄勲章（左の星形）。
2　インドネシアから贈られた英雄勲章証書。
3　大使から送られた感謝状、これで逃亡兵の汚名が晴れた。
4　1995年（平成7年）8月ジャカルタ、日本国大使からの感謝状授与の日、付き添いの娘と。

1

2

1　80歳を祝う小野のインドネシアの家族と。
2　小野の北海道の家族（前列左、母タミ、前列中央、父清六）1939年（昭和14年）ころ。

The Daily Jakarta Shimbun　2014年（平成26年）8月27日（水曜日）　特集　8

託された戦後70年の総括

最後の元残留日本兵　逝去

自宅で第2次世界大戦と独立戦争について語った小野盛さん＝2011年、長洋弘さん撮影

追悼　小野盛さんが残したもの

写真家・作家　長洋弘

来年は戦後70年、何かイベントを組まなくてはと計画しているところに小野盛さんの訃報が届いた。

私が残留元日本兵の存在を知り取材し始めたのが1984年。それから10年間、ジャワ、スマトラなどを取材のため回った。当時はアクセスが悪く残留元日本兵の方々を巡るのが困難な時代でもあった。小野さんには2度も3度もふられ、ようやくお会いできたのが、1995年ジャカルタの日本大使公邸である。その年はインドネシア独立50周年で各種のイベントが組まれ、私は当時の渡辺泰造大使の肝いりで「帰らなかった日本兵写真展」をジャカルタで開催し、同時に渡辺大使は、日イ友好に寄与したことに対し、残留元日本兵69人を表彰した。

今思えば、脱走兵と陰口をたたかれていた彼らに対して大使個人が表彰したことは快挙であった。なぜなら、それが彼らの名誉の回復につながり、心の傷を癒したからである。

小野さんは私の写真展には不満だった。理由は簡単、小野さん自身の写真がなかったからである。その後、小野さんに誘われ何度も自宅を訪ねた。渡辺大使が贈った賞状は自宅の壁に額装され大切に飾られていた。

小野さんは私が訪ねる度に「あなたが我々のことを一番よく知っているのだから、最後まで付き合いなさい」といい、ジャカルタの元日本兵・宮原永治さんが亡くなると「最後の日本兵になったな、最後まで付き合えよ」と言った。小野さんの訃報が届くと、私は彼の言葉の意味を真剣に考えた。それは戦後70年に向けて残留元日本兵の総括をせよ、といっているように思えた。

スラバヤから車に乗り4時間、小野さんの住んでいたバトゥは日本からはあまりにも遠い。3時間も彼と話をしているとこちらも疲れ、おいとまするのだが、その度に彼は私に「この本は読んだか」といって本を貸してくれる。そして2週間もすると電話があり本返却の催促をする。つまり自宅に遊びに来てほしいというのだ。

その小野さんが亡くなった。戦後70年、取材30年、小野さんの死は何かをしろと私の背中を押しているような気がする。

スカルノ初代大統領から小野盛さんら元残留日本兵に授与された栄誉勲章（左端）＝同

日本政府から1995年に授与された、日イ友好貢献の表彰状。日本での名誉回復につながった＝同

日イの土台を築いた

スラバヤ総領事　野村昇

元残留日本兵の小野さんの死を受け、東ジャワの在スラバヤ総領事館の野村昇総領事は「第2次世界大戦時からの日イ関係を知る重要な人物が亡くなった。本当の意味で戦後が終わった」と話した。

インドネシアに進軍した日本軍は敗戦を契機に混乱に陥った。残留者の中にはオランダとの独立戦争に身を投じ、独立に貢献した者も。「残留日本兵の人々が日イの土台を築いた功績は大きい」と指摘する。

小野さんは歴史の伝承に力を注いできた。野村総領事は今後は故人の遺志を受け、「在留邦人が両国の発展に向け行動する必要がある」と力を込める。

二世励ましてくれた

福祉友の会　石井ヤント

元残留日本兵の石井正治さん（2002年死去）を父に持つ石井ヤントさん。25日、父の戦友だった小野さんの訃報を知って真っ先にバトゥ市内の小野さん宅に向かった。

まず脳裏に浮かんだのは、父の葬式に参列した小野さんが、ヤントさんを励ましてくれたこと。「あの時の小野さんの優しさは忘れられない」と故人を悼んだ。

互扶助組織「福祉友の会」の活動では、東ジャワ州に住む元残留日本兵の二世の子どもたちに気を掛けてくれていた。「ただ『ありがとう』と感謝の気持ちを伝えたい」とヤントさんは声を震わせた。

「己に厳しく凛々しい方」

女優のかたせ梨乃さん

女優のかたせ梨乃さんは、テレビ朝日の番組「世界の村で発見！　こんなところに日本人」（1月24日放映）のロケで昨年11月末に2日間、バトゥの小野さん宅を訪ねた。じゃかるた新聞の電話取材に対して「凛々（りり）しく、自分自身に厳しい方。ダンディでロマンチストでもあった」と小野さんをしのんだ。

かたせさんはロケ中、小野さんが元残留日本兵としてインドネシアに残った理由やその後の家族との生活などについて聞いた。「お目にかからせて頂いた時間は、私の財産です」

ロケ最終日には「よく寝て、食べて、笑ってください」とのメッセージを添えて、小野さんにそば殻の枕を贈っている。

かたせさんは「やっとゆっくりできますね。安らかにお眠りくださいませ。本当にありがとうございました」。そう感謝の気持ちを語った。

「独立の勇者　汚職に失望」

地元2紙が訃報

小野さんの訃報を東ジャワ州マランの地元2紙が写真付きで段立て見出しで報じた。地域に打ち解けて生きてきた元残留日本兵に対する関心の高さを反映した。

スルヤ紙は26日付で、「独立後、多くの汚職を目にし失望」との見出しで、小野さんが亡くなった25日に執り行われた国軍による葬儀の写真を付けて報じた。

ジャワ・ポス紙も同じく葬儀の様子を伝える写真とともに「独立戦争参戦の元日本兵―多くの汚職のために帰国を望んだことも」との見出しで、独立を勝ち取ったインドネシアの社会が向上していくことを、小野さんがいかに強く希望していたかを伝えた。両紙とも該当面の準トップ級で報じた。

有力紙スアラ・プンバルアンの電子版は26日付で、元残留日本兵として対オランダ独立戦争に参加した小野さんの功績を紹介。

国から8回表彰を受け、特にスカルノ初代大統領からは2回勲章を受けたと報じた。

小野の訃報を受け書いた筆者の記事。ジャカルタ新聞、2014年（平成26年）8月27日付

亡くなる前年、自宅での小野。この時すでに目は見えなくなっていた。

独立戦争後の1947年メダンに集まった残留元日本兵。この地でスマトラ25軍の将兵が戦犯で処刑された。

東部ジャワの日本兵

インドネシア残留元日本兵の生きた足跡

[1] 日本軍時代

インドネシア上陸から１９４５年（昭和20年）８月15日まで。

[2] インドネシア独立戦争時代

１９４５年（昭和20年）８月17日の独立宣言から、独立戦争を挟んだ独立達成までの４年間で、その間、戦死、戦病、行方不明者など総計すると残留した日本兵のうち半数以上が犠牲になったと思われる。

[3] インドネシア社会においての生計模索時代

独立を達成した１９５０年（昭和25年）代初頭から、インドネシアの一般社会人としての第二の人生を歩み始めた10年間である。言葉、文化の問題を乗り越え、各種の職業を体験し、生計を求めた時代で、元日本兵にとって法的身分も定まらず、生計の確立を求めてインドネシア社会を転々とした10年でもあった。

[4] 身分確定と生活基盤確立時代

日本企業の進出とともに、インドネシア語を話せる元日本兵を日本企業は競って雇用した。日本企業に職を得た者は一気に生活が向上した。１９６２年（昭和37年）から65年までには、ほとんどの元日本兵がインドネシア国籍を取得し、法的に身分が安定した。また１９６５年９・30政変が起こるなど不安定な時代であった。

[5] 躍進と初老期時代

１９７０年（昭和45年）に入ると、日本とインドネシア合弁企業が姿を現し始めた。残留元日本兵の一部は、インドネシア側パートナーとして日本企業との合弁会社を設立した。また日本企業に就職した元日本兵の中にも、企業の重要ポストをまかされる者も現れ、自営での活躍も目立った。しかし独立戦争後の混乱期から急速に成長するインドネシア社会に対応できず、それまで築いた生活の基盤を失う元日本兵もいたが、総じていえば１９７０年代は、元日本兵にとって飛躍時代といえる。しかし多くの元日本兵は60歳に達し、初老期を迎えた者たちにとって過酷な日々であった。

設立されたヤヤサン福祉友の会の会議（1984年ころ）。
左から乙戸、田中年夫、熊崎、小泉、伊丹、中川。

6 老年期とヤヤサン福祉友の会の時代

１９８０年（昭和55年）代になると残留元日本兵の大半が65歳以上に達し、日本企業などに勤めていた元日本兵は仕事から離れていったが、それまでの無理がたたって、健康を害する者が多かった。１９７９年（昭和54年）7月14日、相互扶助を目的とした福祉組織、ヤヤサン・ワルガ・プルサハバタン（福祉友の会）が設立された。

7 余暇生活とヤヤサン福祉友の会の世代交代時代

戦後50年を迎えた１９９５年（平成7年）には、元日本兵の大部分が余生生活に入り、１９９４年1月、福祉友の会役員全員を二世から選出し世代交代を果たした。その間、「ミエ基金奨学金」制度を設け、インドネシアの中、高校生に奨学金支給を決めた。１９９４年10月に日本語学校「ミエ学園」を開校した。元日本兵の戦後50年も終わり、ヤヤサンは完全に二世の手に委ねられた。１９９５年8月、日本国大使から長年の労苦に対し、また戦後の日本とインドネシアの懸け橋になったことで表彰された。この年「帰らなかった日本兵」写真展がジャカルタ市内で開かれ独立戦争に日本兵が参加した事実が明らかになった。

２０００年（平成12年）時代に入ると福祉友の会は二世が運営するようになった。２００２年10月に行われた日系人大会に多くが参加し日系インドネシア人の存在を示した。２００４年には、福祉友の会は日本とインドネシア相互理解の促進と友好親善が認められ外務大臣賞を受賞した。また、２００５年9月には、一世時代からの長年の念願であった福祉友の会月報抜粋集が発刊された。２００６年3月には、日本とインドネシア相互の文化を紹介する「ミエ学園カルチャーセンター」を開校した。

8 残留元日本兵消失時代

２０００年に福祉友の会を牽引してきた元陸軍中尉・乙戸昇が死去すると、次々に元日本兵は亡くなり、２００７年には6名になった。その中でもジョクジャカルタの田中は１０１歳で出征後初めて故国日本の地を踏んだ。そして最後の日本兵になったのがスラバヤから車で四時間走ったバトウに住む小野盛である。小野は94歳で亡くなるまで戦争の悲惨さを語り発信した。国内でも戦争体験者が少なくなり、小野が亡くなったことで元日本兵が独立戦争に参加した事実を語るものがいなくなった。

1965年9月30日の政変で殺害された7人の英雄を記念するルバンブアイヤの碑。
独立戦後、残留元日本兵たちは政変などに翻弄された。

国軍葬

カリバタ英雄墓地

インドネシア各地には、独立戦争に散った兵士の英雄墓地がある。イスラム教、キリスト教、仏教などと区分がされている。英雄墓地には、英雄勲章を授与され、オランダ軍の第一次進攻、第二次進攻の戦闘参加証明を所持している者が埋葬され、家族が、本人の死去を連絡すれば、国軍から退役時の階級によって儀仗兵が派遣され、国軍葬がとりおこなわれる。多くの墓碑銘は現地名で刻まれているが、日本名が入っているものもある。ジャカルタのカリバタ英雄墓地はインドネシア国内で最も規模が大きい。

左から英雄勲章、独立戦争参加章、第一次進攻および第二次進攻の戦闘参加章。

家族に囲まれる出口の柩。

儀仗兵に運ばれ家を出る出口の柩。

元陸軍兵長　出口良夫　ムハマンド・デグチ

出口の家族から訃報が届いたその日、駆けつけると数名の残留元日本兵と親族がいた。出口の遺体は丁重に家族に清められ別れの言葉とともに柩に納まった。柩はインドネシア国旗に包まれていた。① 1918 年（大正７年）１月 20 日生まれ②大阪府③ジャカルタ④日経企業など⑤妻と子７人　1985 年（昭和 60 年）２月８日死去

1

2

1　儀仗兵一個小隊に守られ、カリバタ英雄墓地に出口の柩が着くと、まるで出口の死を悲しむように大粒の雨が落ちてきた。雨の中儀仗兵を先頭に柩は進んだ。

2　インドネシア軍の儀仗兵に抱かれる出口の遺影。

1

2

1　柩はインドネシア国旗メラ・プテに包まれ、墓穴の側に置かれていた。その両側に儀仗兵が整列した。家族が別れの言葉を述べ、戦友たちが続いた。昭和の大きなうねりに飲み込まれていった、1人の日本人が永遠の眠りにつこうとしていた。

2　独立戦争の英雄に別れを告げる儀仗兵。墓碑に日本人・出口良夫の名前はない。イスラム教徒であった出口は、独立戦争の英雄ムハマンドとして、墓地のイスラム教信者区域に葬られる。

家族や親族、戦友が見守る中、出口の柩は深い墓穴に下ろされていった。儀仗兵の葬砲は３回、柩が家から英雄墓地に向かって出る時、柩が墓穴に下ろされた後、そして、柩に土をかけ終わった時にとどろいた。最後の葬砲とともに、出口はインドネシアの土になろうとしていた。

出口の柩に土がかかったとき、突然女性の叫び声が聞こえた。末娘のテテンであった。「父さん逝かないで！父さん逝かないで」叫びながら、墓穴に飛び込もうとした。両脇にいた親族が体をふるわせて悲しむテテンを抱えた。

乙戸の生涯

元陸軍中尉　乙戸昇　クンプル・オット

毎夏、インドネシア独立記念日が来ると、乙戸は胸があつくなり、「ともかくもこの日まで生きて来られた」という生への静かな喜びを感じる。乙戸はインドネシア全土に散らばって生きる残留元日本兵を一人一人探しあて手紙を出し、1979年「福祉友の会」を組織した。この会は相互扶助や情報交換、一時帰国、二世の教育や就職の支援と、様々な活動で残留元日本兵の心の支えとなった。かつてデビ夫人の館であった軍事博物館前で撮影。①1918年（大正7年）4月29日生まれ②東京都③ジャカルタ④会社経営など⑤妻と子2人　2000年（平成15年）12月10日死去

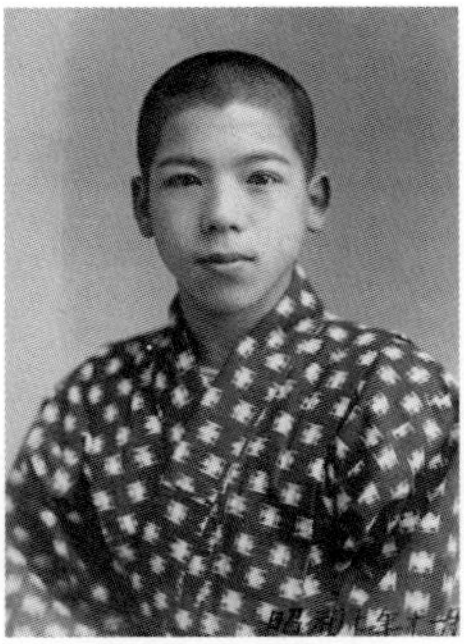

上　1932年（昭和7年）尋常高等科ころ。
下　1935年（昭和10年）九段中2年、佐野侯爵家書生。

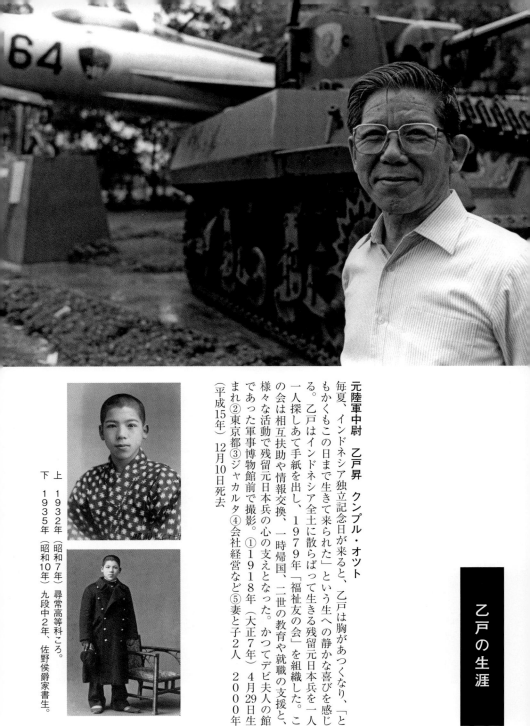

1

2

3

1　1932 年（昭和 7 年）日光への修学旅行（2 列目左から 4 人目）。
2　早稲田大学専門部、1938 年（昭和 13 年）。
3　大学の軍事教練（右端乙戸）1939 年。

1

2

1　大学の軍事教練（右、銃立てかけの左が乙戸）。
2　1944 年見習い士官のころ、スマトラにて（左端乙戸、右端残留元日本兵の古閑）。

次頁
1　1954 年（昭和 29 年）ころ、メダン日本人会に顔を出した乙戸（2 列目右から 2 人目）このころ、スマトラ島の寒村ムラティ村で医者をしていた。
2　1 の拡大写真
3　1958 年（昭和 33 年）スマトラ島からジャカルタに出て鹿島貿易に勤めていたころ（左端）。
4　1958 年（昭和 33 年）日本大使公邸のレセプションにて（中央スカルノ、黄田大使、後方カメラマン前が乙戸。

1

2

3

4

1

2

4

3

1　1968年ころ、妻と２人の子と。

2　1966年（昭和41年）一時帰国時、母校早稲田大学にて。

3　出征以来、23年ぶり（1966年）に帰国した乙戸は親族に歓迎された。

4　乙戸は明和グラビアの大島（左）と出会い、1972年（昭和47年）現地で合弁会社MEIWA・INDONESIAを設立する。これが乙戸を経営者として大きく成長させることになる。

1

2

月　報

YAYASAN WARGA PERSAHABATAN

5月号.　福祉友の会

1982年 5月 15日.

YAYASANに想ふ.　理事長 MOH. AMIN 石井正治

我々のYAYASANが設立されて早や2年有半. 僅かな期間の様に思われるが老先き短い我々にとっては誠に貴重な時間である.

此の間, あらゆる困難を克服してインドネシヤ独立戦争に参加した日本人並に日系人の物故者、生存者の名簿をまとめた会の功績は大なるものがあった、と特筆したい。

去る1月30日. YAYASAN オ二回総会を開催. 諸陣容を新にした会はいよいよ実践躬行の域に踏み込んだ. 恵まれない戦友の老後助け, 二世. 三世に対して将来の道を拓き, 我々の戦史を後世に残す. 又之等を通じてインドネシヤの発展に寄与せんとする高邁な理想のひとつ ひとつを計画し. 実践して行く事こそ我々に課せられた責務であると思ふ.

戦后40年ともなれば戦争の爪痕も薄れ. その悲惨さ, 苛酷さ. といったものを忘れられつゝあるが. 中国孤児の親探し、又台湾出身軍人の補償などと戦后未処理の問題と思はれるものが新聞紙上を賑はしているが 我々福祉友の会も又然りと言ふべきであらう.

我々は自己の意志に依って残留し. 独立戦争には銃を執り. 後. 国籍取得するに及んでインドネシヤを墳墓の地と定め. 今に到るものでる. 従って我々は日本に対し今更何等求めることとてないが. 独立戦争最中. 日本人として死んで行った戦友の野末に草むす屍と放置されている事は一掬の涙なくして考へられぬのであり又日系人といわれる子弟が人後に落ちるような事態の発生は看過し得ぬ事である.

我々はかつて一身を省みず. インドネシヤ、日本両国の架け橋たらんと願った筈であるが未だ足れりとするには程遠い.

幸に日本に於ても我々を支援する会が発足せんとして居り、これ等と相俟って老境に達した我々も燃えつきんとする灯の一瞬のほずらを以て目的完成の為に努力したいと願ふものである.

Y.W.P.今後の行き方.　監事長 MEMED 出口良夫

1979年7月Y.W.P.を結成し既に3年有余となりました. 運営役員、発起人が一丸となって今日に致りました. 其の努力が実り始め、日本ではインドネシヤの福祉友の会(Y.W.P.)の活動が各新聞紙上を賑わせております. それに伴い日イ友好団体協議会が福祉友の会協力会設立, 後援をしてくれるとの事、近く実現の見込みもあり喜ばしい事です. この様に多方面からの後援や注目を浴びている.

我々Y.W.P.は増々発展をさせると共に大きな責任感ずる次才でございます. そして各方面の御好意と御声援に対し受入れのため用意を充分に備えたいものだと思います.

又将来我々の二世、三世が父の国のこと、その家族のことを知りたいと、このY.W.P.本部, 支部を尋ねて来るでせう. そのような時のためにも. この会の基礎をしっかりと固め揺ぎなきよう致す責任があるのではないでせうか.

我々は全員が発起人であると共に總ての役員であるといふ気持を持ち続けたいものです. 最后にどんな些細な事でも我がY.W.P.運営についての御意見, 御発案等がありましたら、積極的に御指示、御連絡を下さいます様お願い申し上げます.

3

1　1975年（昭和50年）ジャカルタで元軍属・堀江義男が死んだ。体に蟻の這う悲惨な光景を見た元日本兵の岩元（中央）、藤山（左）中瀬（右）は、仲間を集め残留元日本兵の救済を訴える。それを知った乙戸は各地にいる元日本兵にひたすら手紙を書き、乙戸が中心となり1979年福祉友の会がつくられた。目的は、貧困者への支援と未帰国者の里帰りだった。毎月、乙戸が手書きで書いた連絡紙『月報』は、乙戸が亡くなる2000年（平成12年）まで200号続いた。（次頁）

2　1987年（昭和62年）乙戸の二男ブデイの結婚式

3　連絡紙『月報』初刊号より。

享年83。

尚、ご葬儀は翌11月9日、10時出棺、DESA KEJAPAN の一般墓地に埋葬されました。

ご遺族は2名の奥さん、7名のお子様、14名のお孫さんです。心からご冥福をお祈り申し上げます。　完

月報廃刊の辞　　ジャカルタ　乙戸　昇

月報最終号NO. 200の編集が終りました。1994年、当ヤヤサンの運営が二世たちの手に移譲された時点で、その機関紙の編集も二世たちの手にゆだねねばなりませんでした。しかし当時二世たちの依頼により暫時月報の編集を続けることとし、現在に至りました。そして西暦2000年、20世紀最後の年を1ケ年後にひかえ、この12月、月報も区切りよく200号に達しました。この好機を得ると共に、戦後の世代に適した新しい機関紙の発刊を期待し、当月報の編集を終え、同時に廃刊といたします。

当初機関紙編集を引き受ける人がいなかったことから、浅学をかえりみず私が編集を担当し、「月報」と名付けて毎月皆様のお手元にお届けしてきました。しかし、能力不足、経験皆無により、その内容も幼稚、更につたない文章、誤字、脱字も多く、皆様に大変ご迷惑をわずらわせました。至らぬ点を心からお詫び申し上げますと共に、そのような月報にもかかわらず長年にわたってご支援をいただきましたことを心からお礼申し上げます。

その間、月報の内容はともかく、欠刊、遅刊とならぬことを毎月の心掛けとし、今日を終えることが出来ました。

又、そのような月報ではありましたが、編集を通して私自身、誠に学び得たもの大でした。更に月報を通じて多くの方々の知遇を得られたことは、私の人生にとって誠に意義大でした。心から感謝し、厚くお礼申し上げます。

従って当ヤヤサン今後の機関紙については二世たちによって企画されております。月報同様何卒ご指導ご鞭撻の程お願い申し上げます。　完　（1998年12月10日記）

お礼

当月報へご寄稿下された皆様に厚くお礼申し上げます。

編集子

連絡紙『月報』最終号乙戸廃刊の言葉。

1

2

3

4

1　1990年（平成２年）乙戸は二世たちを引き連れ、東京で行われたインドネシア独立45周年式典の席上で日本の経済界などに二世を紹介する。（左、リチャード石嶺、87頁参照）。

2　1990年　式典でインドネシア国家を歌う二世たち。

3　1995年（平成７年）残留元日本兵69名に対し駐インドネシア大使・渡辺泰造の名で感謝状が贈られる。会場にて（右から宮原、乙戸、渡辺大使）。

4　1999年（平成11年）南方軍幹部候補生歩兵隊10期生の同窓会が東京で行われた（下段右から５人目乙戸）。

1

2

3

1　2000年（平成12年）12月10日乙戸は亡くなり、
翌年2月偲ぶ会がジャカルタで行われた。

2　偲ぶ会で父を語る長男のエディ。

3　ジャカルタのカリバタ英雄墓地に運ばれる乙戸。

1

2

3

1　ジャカルタ・カリバタ英雄墓地にある乙戸の墓標。
2　東京五日市町（現あきる野市）の乙戸の実家にある
　乙戸の遺影（左）。
3　異国で育んだ乙戸の家族。

ジャワ島
ジャカルタ

ジャカルタにある独立記念塔
独立宣言が行われた1か月後の1945年9月、インドネシア各地から10万人の民衆が集まり独立集会が開かれた。当時はイカダ広場と呼ばれ、今はムルディカ（独立）広場と呼ばれている。集会のあった日、元陸軍軍曹・藤山秀雄は連合軍命令で治安維持にあたった。

１９４５年（昭和20年）9月19日イカダ広場の独立集会。中央の警備兵の後ろにスカルノが見える。

1

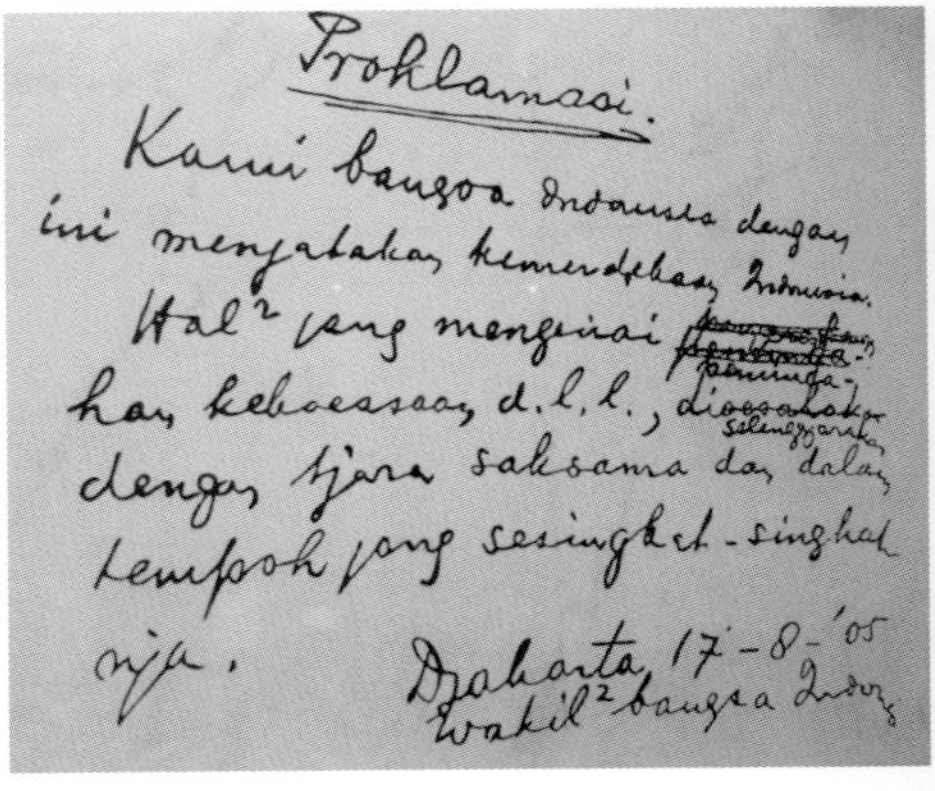

Proklamasi.
Kami bangsa Indonesia dengan
ini menjatakan kemerdekaan Indonesia.
Hal² jang mengenai pemindah-
han kekoeasaan d.l.l., di~~oesahakan~~ diselenggarakan
dengan tjara saksama dan dalam
tempoh jang sesingkat-singkat
nja.
Djakarta, 17-8-'05
Wakil² bangsa Indon

2

1　1945年（昭和20年）独立宣言を読む初代大統領スカルノ。

2　スカルノの書いた独立宣言文「われわれインドネシア民族は、ここにインドネシアの独立を宣言する。権力の委譲、その他に関する事項は周到かつできるだけの迅速さをもって実施されるものとする。インドネシア民族の名において。17-8-‘05　スカルノ-ハッタ。ジャカルタにおいて」

チピナン刑務所前に立つ田中。

1937年（昭和12年）20歳の田中。

元陸軍憲兵軍曹　田中年夫　ハッサン・タナカ

１９４６年（昭和21年）10月1日、元憲兵の田中は、高さ5メートルの外壁を乗り越えてチピナン刑務所を脱獄した。その時の心境を「いちかばちかだった、見つかれば射殺された」といった。刑務所の壁を見て田中の顔はくもった。１９８４年（昭和59年）撮影。①１９１７（大正6年）2月8日生まれ②福岡県③ジャカルタ④会社経営⑤妻と子⑥１９９５年（平成7年）11月30日死去

独立戦争を語る田中。

元海軍軍属　安藤万次郎　イスマエル・タンジュン・アンドウ

第二秋田丸の船員だった安藤は、1942年(昭和17年)11月、船もろとも海軍に徴用され、食料、弾薬などを輸送し、1947年（昭和22年）、秋田丸が連合軍に引き渡されると同時に船を降りた。「船を失うことは、祖国と故郷を失うことだった」という安藤は、そのまま独立軍に入り、独立戦争後も海軍に残った。1964年、安藤は22年ぶりに祖国の土を踏んだが、母はその2週間前に亡くなっていた。写真は1984年（昭和59年）インドネシア海軍の軍服に身を包んだ安藤。①1921（大正10年）2月13日生まれ②秋田県③ジャカルタ④職業軍人⑤妻と子7人　1999年（平成12年）12月11日死去

2

1

3

1　1942 年（昭和 17 年）20 歳　海軍暁部隊入隊時　前列左安藤。
2　1960 年（昭和 35 年）ころの安藤の家族。
3　1963 年（昭和 38 年）ニューギニア戦終了時　インドネシア海軍の部下と（中央安藤）。

上　1985年（昭和60年）伊丹の自宅で、妻ザナエと。

下　1985年ジャカルタで戦争を語る伊丹。

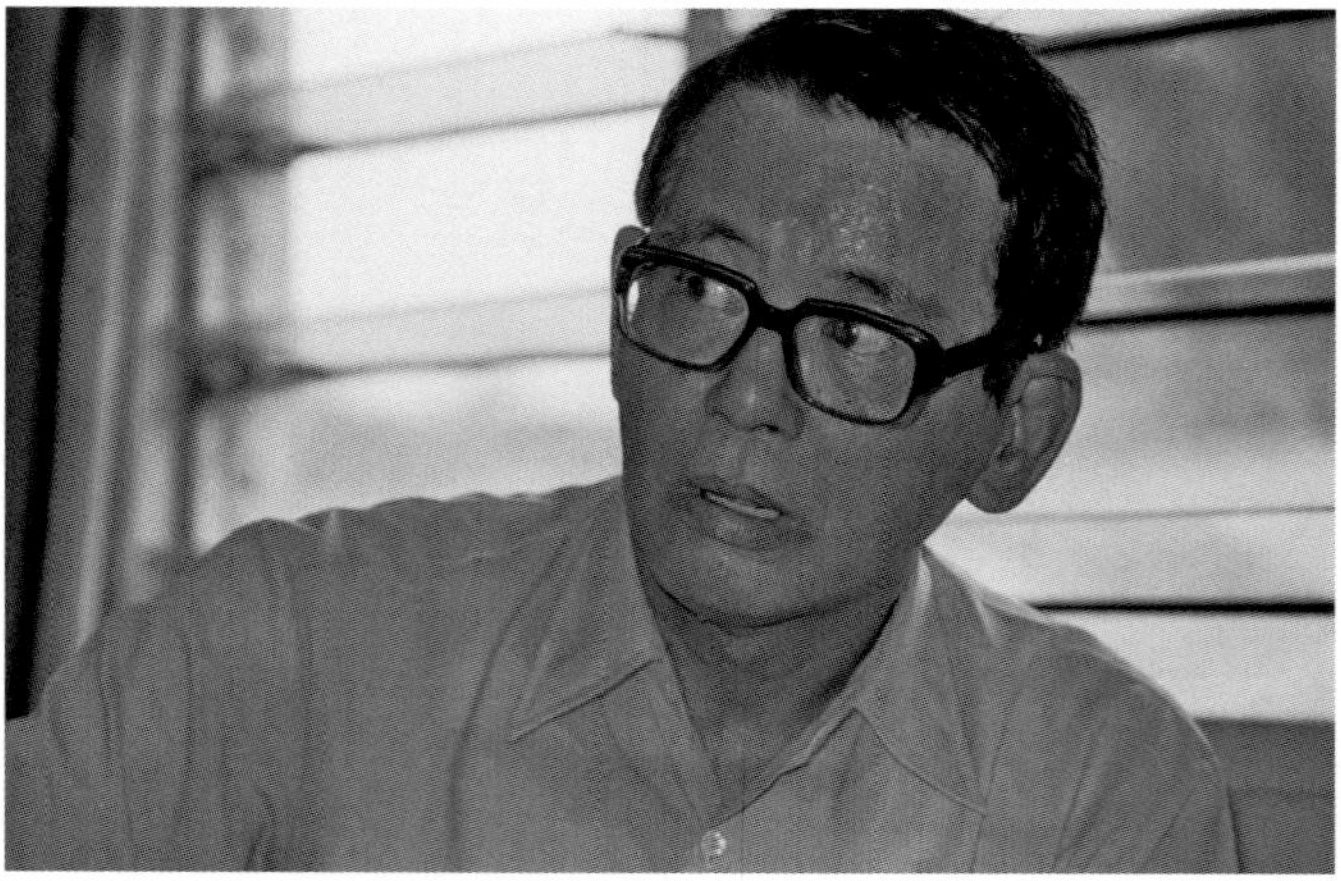

元陸軍少尉　伊丹秀夫　ブスタミ・イタミ

「私は、日本の敗戦をスマトラ島北端のロクスマエ飛行場で迎えました。戦争末期に連日のように特攻隊が飛び立ったのを鮮明に覚えています。1945年9月末、私は戦友と24人の部下とともに、日本軍の残した武器弾薬などの管理をさせられました。しかし独立の雄叫び激しく、連日、日本軍の武器をめぐってインドネシア人と日本軍の間で小競合いがありました。10月のはじめ部隊は蛮刀をもった人民軍数百人に包囲されました。日本兵の命を守るため武器を渡し、責任をとり独立軍に入りました。独立戦争後は水道工事、木材の伐採、日本企業の現地駐在員と食うためならなんでもやりました。我々がいたから多くの兵は、連合軍から責任を追及されず帰還できたのです」。ジャカルタの藤山は、伊丹さんは最後のサムライだといった。①1923年（大正12年）3月31日生まれ②大阪市③ジャカルタ④日本企業など⑤妻と養子2人　2005年（平成17年）2月20日死去

1

2

1　1945年（昭和20年）5月　スマトラ島アチェにて後列右から2人目伊丹。

2　2004年（平成16年）伊丹を訪ねると病床で「もうダメだよ、哀れな姿を撮らないでくれ」といった。結局アルバムだけを撮影した。後方は伊丹を心配する近所の人たち。

元陸軍憲兵軍曹　衛藤七男　ヤコブ・エトウ

「憲兵の私が最も恐れたのは戦犯でした。終戦の10月、上陸してきた連合軍は華僑を使い首実験をしました。このことから憲兵の逃亡が始まりました。私も逃亡しましたが、独立軍に捕まり、独立戦争に参加することになったのです。逃げなければ確実に銃殺だった」衛藤の子の１人は今は日本企業の役員を務めている。1984年（昭和59年）スマトラ島メダンの自宅で英雄勲章証書を手に、カメラに向かった衛藤は「死ぬときは日本に帰って日本人として死にたい」といったが、ジャカルタで亡くなった。①1919（大正８年）４月24日生まれ②大分県③スマトラ島メダン④通訳・日系企業勤務など⑤妻と子４人　2003年（平成15年）12月29日死去

1

2

3

1　2004 年 1 月、衛藤の葬儀に集まった親族。
2　ジャカルタのカリバタ英雄墓地、遺影を持つ長男・アリアンデ。
3　アリアンデの息子バタラは東京の IT 会社で活躍している。

元陸軍一等兵　下岡善治　マルゴノ・ゼンジ・シモオカ

「小学校を出ると織物工場で働きました。昭和 17 年、19 歳で舞鶴軍需部に軍属として徴用され、翌年２月にスラバヤに上陸し、昭和 19 年現地召集を受け陸軍に入りました。突然の終戦に驚き、終戦の意味もわからず、戦友に誘われ軽い気持ちで離隊しました。ダロウ・イスラムという宗教軍に入りましたが、衣食が不足し生きるのが精いっぱいでした。独立戦争中は各種の部隊が乱立し、いつ殺されるかと思いました。まるで戦国時代でした。日本には一度も帰っていません。戦後はワルン（小さな店）をやり食うのが精一杯でした」。① 1926 年（大正 15 年）１月９日生まれ②京都府③ジャカルタ④日本大使館など⑤妻と子４人　死去日不明　2008 年（平成 20 年）自宅で撮影。

1984年（昭和59年）当時の下岡、下岡は取材を拒み戦争を語ることを嫌った。

孫と老後を楽しむ下岡は、「孫たちにはあんな思いはさせたくありません」といった。2004年（平成16）年8月9日、自宅前にて。

元陸軍二等兵　岩元富夫　フセイン・イワモト

「私は桜島が見える溝辺村に生まれました。青年学校を出て農業を手伝い、青春時代は百姓しかしたことがありませんでした。1932年（昭和7年）徴兵検査を受け、第二乙種で第一補充兵となりました。1940年（昭和15年）両親の許可を得ぬままどうにかなるだろうと、満洲に渡りましたが､学歴のない私に仕事は見つからず､知人の紹介で憲兵隊軍属に就職しました。二年後､ジャワ海戦を経て､ジャカルタのジャワ憲兵隊本部の軍属となり敗戦を迎えました。一発の弾丸も撃っていない私は、敗戦の実感がわかず、1946年4月21日、インドネシア人の服をまとい独立軍に入りました。戦争とはいえ、私の人生は行き当たりばったりのまるで留まる所を知らない浮浪者の一生のようです」。①1917年（大正6年）6月16日生まれ②鹿児島県③ジャカルタ④貿易業など⑤妻と子4人　2000年（平成12年）10月5日死去。1992年（平成4年）ジャカルタで撮影。

1942 年（昭和 17 年）　ジャカルタ憲兵隊付軍属のころ、戦友と。

（前頁）
1970 年（昭和 45 年）ころ、岩元は大綿貿易に入りダイハツ・ミゼットを輸入し 1 千台売った。ダイハツ・ミゼット（左）の前に立つ岩元。

元陸軍准尉　喜岡尚之　ムサ・ナオユキ・キオカ

1942年（昭和17年）2月のシンガポール攻略作戦に参加、ジョホルバルで機関銃の掃射を受け被弾した。同年スマトラ島に上陸しメダンで終戦を迎えた喜岡は、連隊長に呼ばれ大隊からすでに9人の逃亡兵が出たことを叱責された。「インドネシアの状況もわからず、逃亡兵扱いしやがって」、一方的な上官の言い草に反発、1946年（昭和21年）11月末、「ノコッタ　ブカ　ト　セイシ　ヲ　トモニス。ゴリュショウ　コウ」と血書を書き独立軍に身を投じた。1984年（昭和59年）撮影。①1917年（大正6年）7月1日生まれ②香川県③ジャカルタ④自動車修理、農業、日本商社など⑤妻と子6人　1996年（平成8年）6月3日死去

1 シンガポール攻略作戦で負傷し入院中の喜岡。

2 喜岡の家族。子どもは、なりゆき、のぶゆき、えみこ、のりみつ、ひろし、すえよ、とすべて日本名が付けられている。

3 1995年（平成7年）8月25日、残留元日本兵69名への表彰式に息子と参加した喜岡尚之（左）ジャカルタ日本大使公邸にて。

1

2

3

元陸軍上等兵　菊池源吾
ラチィマド・キクチ

菊池は離隊逃亡した約20人の日本人と部下のインドネシア青年50人で編成された独立軍の日本人部隊（日本人で組織した部隊）に加わった。菊地の考案した布団爆弾（生ゴムの袋に火薬をいれ、針金を信管がわりする爆弾）は、オランダ軍にとって脅威であった。「菊地の考案した爆弾の威力は、それは凄いものでした。オランダ軍の兵士をトラックごと吹っ飛ばし失敗することがなかった」という。菊地は、郷里の親族から飛行機の切符を送られたこともあるが「私は昔の人間です。今さら恥ずかしくて他人の力でオメオメと帰れません」といい、ついに故国に帰ることはなかった。「戦争はいやですよ。やむをえないからやるんじゃないですか」と静かに笑った。1984年（昭和59年）撮影（中央菊池左後は元軍属の吉良勝利（59頁参照）。①1917年（大正6年）生まれ②福島県③ジャカルタ④土木業など⑤妻と子1人　1989年（平成元年）10月28日、死去

元陸軍上等兵　吉永速雄
ジィパル・ヨシナガ

「17歳の時に満洲に渡り日本人の店を手伝いました。満州浪人というやつです。離隊の理由を説明するのは難しいことです。良い言い方をすればインドネシア独立のためです。我々は激流の時代に流された小木です。こなごなに砕けました。東京オリンピック前に一度日本に帰国しました。おふくろは戦後息子の帰りを毎日、岸壁に立って待っていたといいました。『岸壁の母』という歌はその時知ったのですが、おふくろの歌です」。１９８４年（昭和59年）撮影

①１９２１年（大正10年）11月８日生まれ②高知県③ジャカルタ④漁業・日系企業など⑤妻と子４人　１９９２年（平成４年）７月６日死去

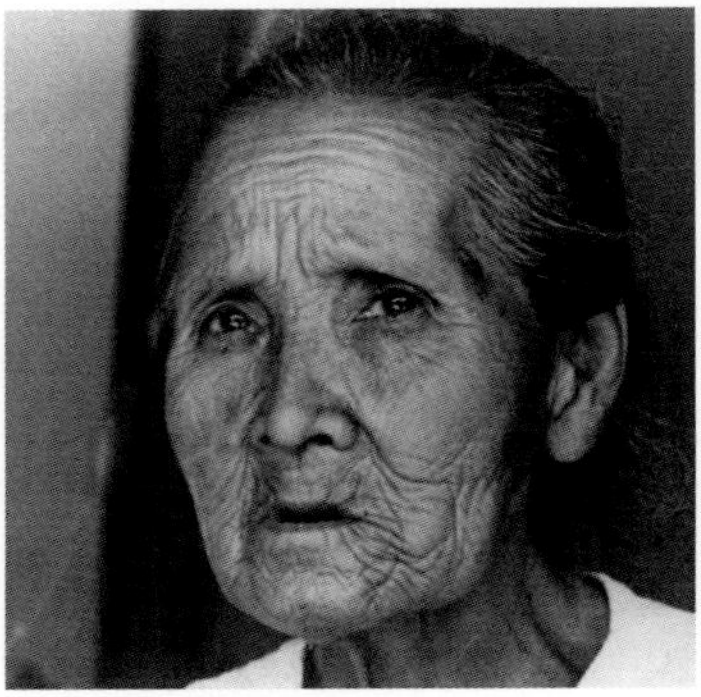

岩壁の母は吉永を待った

元陸軍雇員　宮原永治　ウマル・ハルトノ・ミヤハラ

台湾出身の宮原は戻る故郷を失いインドネシアに残った。宮原の楽しみは仲間の元日本兵と忘年会や新年会で会うことだ。「この地に骨を埋める運命にある我々は、すでに還暦を過ぎ、、強気でいますが、本音はやはり故国日本が懐かしいのです。飲み、語り、互いの健在を喜び励ますことが、奇異に映る日本人の方がいたら、老人のノスタルジーとお笑い下さい」と宮原はいった。1984年（昭和59年）撮影。①1922年（大正11年）1月1日生まれ②台湾③ジャカルタ④貿易業など⑤妻と子3人　2013年（平成25年）10月16日死去

1

1　２００４年（平成16年）軍事博物館で撮影。

2

2　２００９年（平成21年）６月、宮原は、日イ友好に務めた功績により、天皇よりの旭日単光賞を受けた。日本大使公邸で。

3

3　２００９年６月、宮原の授賞を祝う残留元日本兵の二世たち。

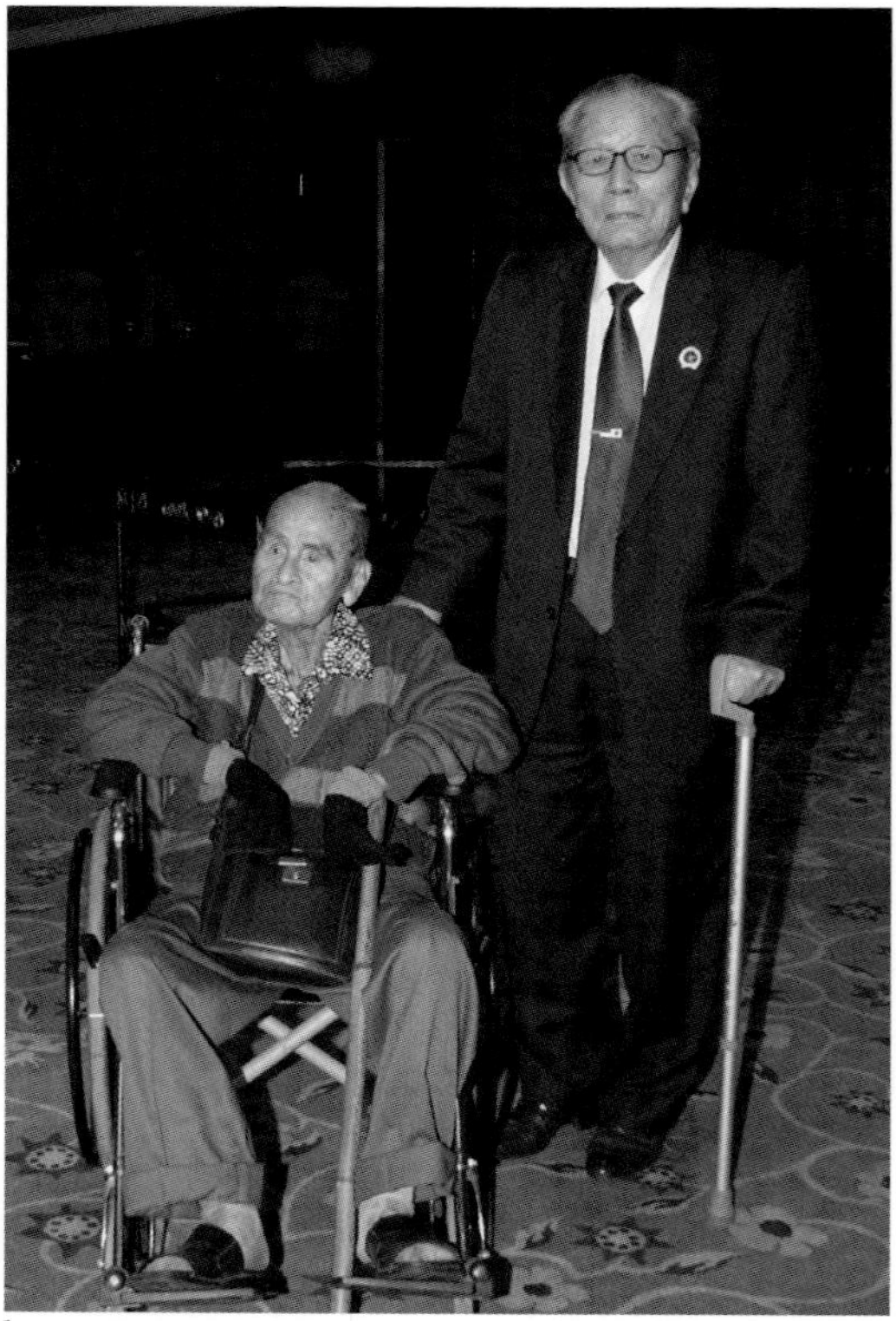

1

1　2008年（平成20年）、ジャカルタに姿を見せた宮原（右）と田中幸年（104頁参照）。

2　2008年、元日本兵が少なくなると宮原は、福祉友の会の面倒をよくみた。福祉友の会事務所前で二世関係者たちと。

2

元海軍軍属　吉良勝利　ムハンムド・アバス・キラ

敗戦後、吉良は連合軍の車両整備工場で使役中にオランダ兵に敬礼を強要された。無視した吉良にオランダ兵は平手打ちをし、吉良はハンマーでオランダ兵を殴って独立軍に参加した。1945年（昭和20年）10月19日、吉良の元所属部隊・竹下大隊86名が西部ジャワのブカシで土民軍に襲われ惨殺された。ジャカルタのコタ駅で。1984年撮影。①1917（大正7年）3月18日生まれ②愛媛県③西部ジャワ・チレボン④漁業、自動車工場勤務など⑤妻と子2人　1995年（平成7年）11月8日死去

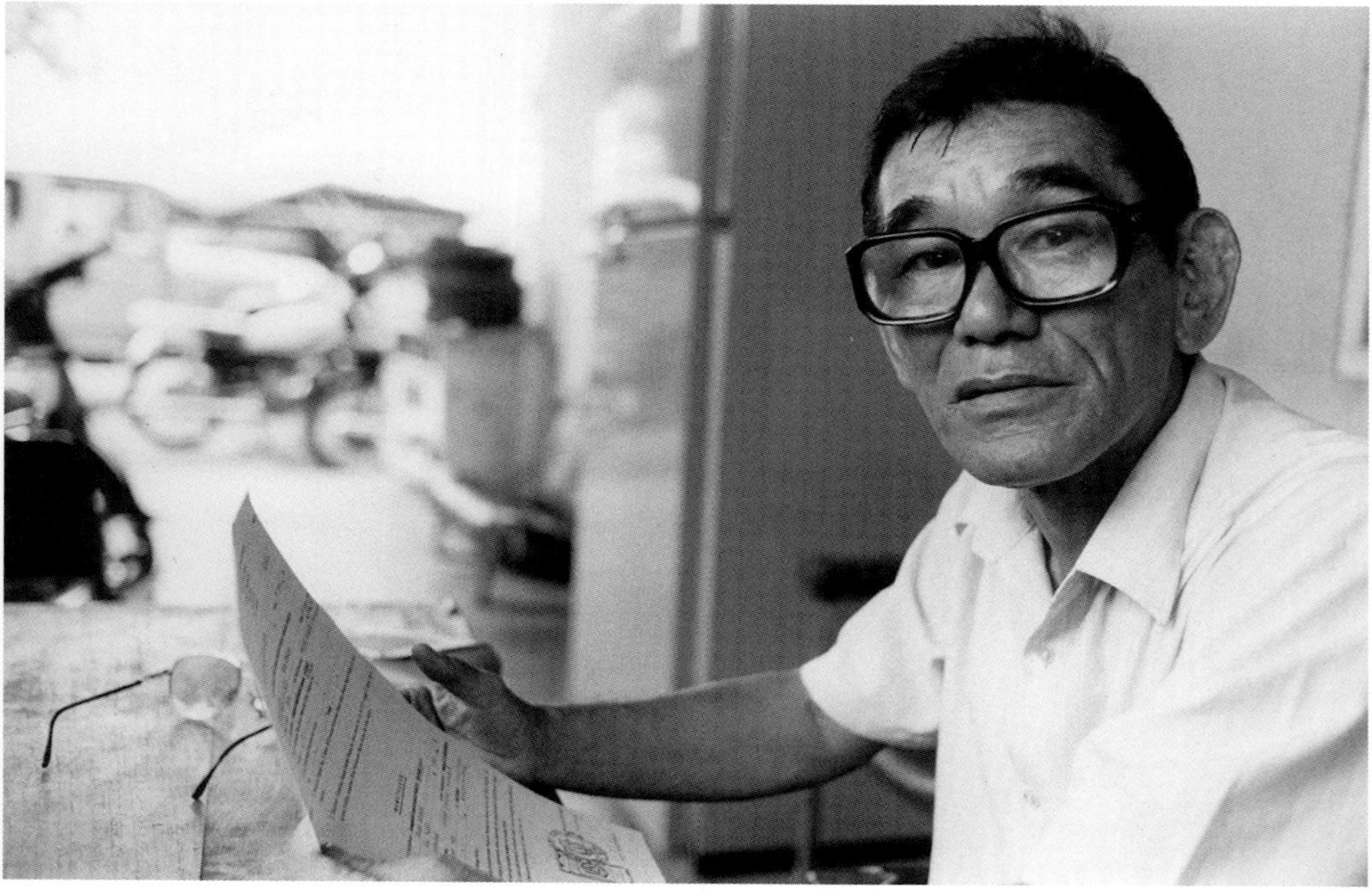

藤山がノートに書いた独立戦争中の思い出。

元陸軍軍曹　藤山秀雄　フセイン・フジヤマ

ビルマ戦線で負傷した傷は今も残る。「兵隊は、みな神国日本は勝つと信じていましたから、敗戦は人生を大きく狂わせました。武器についている菊の御紋を連合国軍に渡す前にヤスリで削れと命令され、すべてが終わったと思った。戦後、日本軍の武器をねらい民兵に襲われる事件が頻発した。いつ殺られるかわからない、それならと思い46年2月、戦友2人と軽機関銃をもって離隊逃亡した。あれがよかったのか、悪かったのか…。結局、子どもたちは日本に働きに行っている、日本と離れられない、そう思うと帰った方がよかったのか…」。①1922年（大正11年）3月19日生まれ②佐賀県③ジャカルタ④日本商社、自動車修理工場など⑤妻と子5人2007年（平成19年）6月11日死去　1984年（昭和59年）、藤山の自動車整備工場で撮影

1

2

1　終戦1か月後の9月19日イカダ広場（現独立広場）に10万人が集まり独立集会が行われた。その時警備に出された日本兵の中に藤山はいた。

2　インドネシア軍軍服を身に着けた藤山。2005年（平成17年）撮影

元陸軍雇員　熊崎省三
スマルソノ・クマザキ

熊崎は戦友に母への預金通帳を託し離隊した。「母さん、わがままをゆるしてくれ」と心で叫んでいた。独立軍で受けた命令は日本軍との武器供与交渉だった。インドネシア人スマルソノと改名した熊崎は、バンドンで第二七混成旅団司令部の馬淵少将に面会する。武器の供与は無理だったが、独立軍の代表として扱われている自分は、すでに日本人ではないのだと感じた。預金通帳は無事母のもとに届いていた。　①１９１８年（大正7年）9月30日生まれ②岐阜県③ジャカルタ④自動車工場経営⑤妻と子3人　１９９１年（平成3年）6月4日死去
１９８４年（昭和59年）撮影

1

2

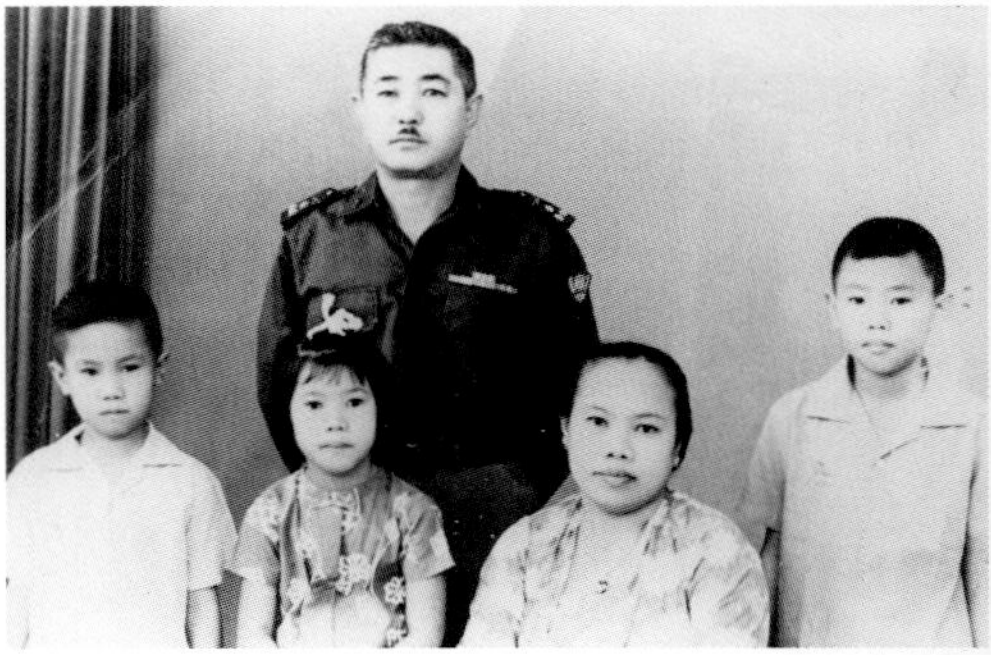

3

4

1　1939 年（昭和 14 年）初年兵のころの熊崎。
2　1940 年（昭 15 年）岐阜 68 連隊のころ。
3　1966 年（昭和 41 年）熊崎の家族。
4　1984 年（昭和 59 年）熊崎の家族。

元陸軍二等兵　松竹茂　アトマプラモノ・マツタケ

1942 年（昭和 17 年）松竹は軍属志願し翌年ジャワ島に上陸した。中部ジャワ・マゲランで現地召集を受け陸軍に入隊、1946 年 4 月まで日本軍と行動を共にするが、独立戦争に誘われる。後のスハルト大統領は同部隊にいたという。1984 年（昭和 59 年）ジャカルタで撮影。① 1922 年（大正 11 年）3 月 15 日生まれ②福岡県③ジャカルタ④日本企業など⑤妻と子 1 人　死去日不明

元陸軍中尉　幸松嵩　ウスマン・コウマツ

ジャカルタの英雄墓地に女性と男の子が墓参に来ていた。元陸軍中尉・幸松嵩の妻ミマと孫のヨシカズである。ミマは「パパはいつまでも私の心の中で生きてるの、私が来ないとさびしいでしょう」といった。幸松は独立戦争後、現地結婚し戦後は丸紅飯田の出張所に勤めた。1987年（昭和62年）撮影。①1922年（大正11年）11月1日生まれ②大分県③ジャカルタ④日系企業勤務など⑤妻と子5人　1983年（昭和58年）8月31日死去

元陸軍少尉　古閑正義　テタップ・コガ

1942 年（昭和 17 年）明治大学にいたときに学徒出陣をした。アメリカンフットボールの選手でアメリカのことはよく知っていた。日本は敗けると思っていた。乙戸昇と同じ部隊（29 頁参照）。独立戦争中は兵器も不足し苦労した。日本人の独立への貢献度は大きい。戦後、古閑は日本国籍のまま過ごした。1985 年（昭和 60 年）、戦友の小泉敏雄の自宅にて撮影。① 1920 年（大正 9 年）8 月 29 日生まれ②東京都③ジャカルタ④貿易業⑤妻と子 4 人　死去日不明

元陸軍メダン軍政部　立川庄三　スパルタ・タチカワ

軍政部にいたとき、メダン青年教練所でインドネシア青年に軍事教練をしていた。独立宣言後の８月26日、戦友の越沢、石黒、新見とともに離隊。１９４６年（昭和21年）７月、立川の部隊は復員船に乗ったが元陸軍曹長・小泉敏雄（74頁参照）と現地に残り独立戦争に参加した。戦後は偽医者、材木業、屑鉄業などをやった。①１９１８年（大正７年）11月17日生まれ②栃木県③ジャカルタ④材木業日系企業など⑤妻と子３人　１９８５年（昭和60年）11月19日死去

1984 年（昭和 59 年）暮、立川は戦友でジャカルタに住む小泉敏雄の家に住んだ。

病気治療で一時帰国した立川を空港で出迎える小泉（右）と乙戸（後）　1984 年（昭和 59 年）撮影。

独立宣言の地に立つ戸室（後ろがスカルノの銅像）。

1996年（平成８年）６月、埼玉県東松山市で開催した筆者の写真展「帰らなかった日本兵」の会場で、父の写真の前に立つ戸室の娘サチミ。サチミは日本に出稼ぎに来ていた。

元陸軍一等兵　戸室芳生　マルジョコ・トムロ

「われわれインドネシア民族は、ここにインドネシアの独立を宣言する。　…インドネシア民族の名において　スカルノ・ハッタ」。戸室はつらいことや嬉しいことがあると独立宣言記念広場を訪れる。戸室にとってここが第二の人生の原点だという。ここで初代大統領スカルノと副大統領のハッタが独立宣言した。１９８４年撮影。①１９２２年（大正11年）６月５日生まれ②東京都③ジャカルタ④日本企業など　⑤妻と子５人　１９８９年８月22日死去

元陸軍兵長　山野吾朗　アブデュル・マジット・ヤマノ
（左）①1925年（大正14年）10月20日生まれ②山梨県③ジャカルタ④日本企業など⑤妻と子1人　1999年（平成12年）4月25日死去

元陸軍曹長　杉山長幹　スパルディ・スギヤマ
①1918年（大正7年）7月12日生まれ②新潟県③スラウェシ島マカッサル④精米工場など⑤家族構成不明　1996年（平成8年）6月16日死去

1995年（平成7年）8月、大使公邸で行われた感謝状贈呈式に参加し、残留元日本兵の会に立ち寄った山野と杉山。山野はかたくなに取材を断り、杉山は仕事の関係でつかまらず撮影の機会はこの日だけだった。

元陸軍兵長　志田安雄　スバギオ・シダ

敗戦のショックは兵士を自暴自棄にし軍規は乱れた。ある日、古参兵に馬鹿にされ、思わず殴り倒した。志田はどうせ営倉入りだろうと、将校用のピストルと軍靴を拝借し、買い物に行くといって離隊逃亡し独立軍に入った。「古参兵を殴ったことで私はインドネシア人になった。私の名前の『スバギオ』は『偉大』という意味です。私の人生も偉大です」。①1921年（大正10年）6月10日生まれ　②宮崎県③パマヌカン④農業など⑤妻と子1人　2010年（平成22年）12月31日死去　2008年（平成20）自宅にて撮影

次頁　2004年（平成16年）自宅前にてインドネシア国旗を手にする志田。

1

2

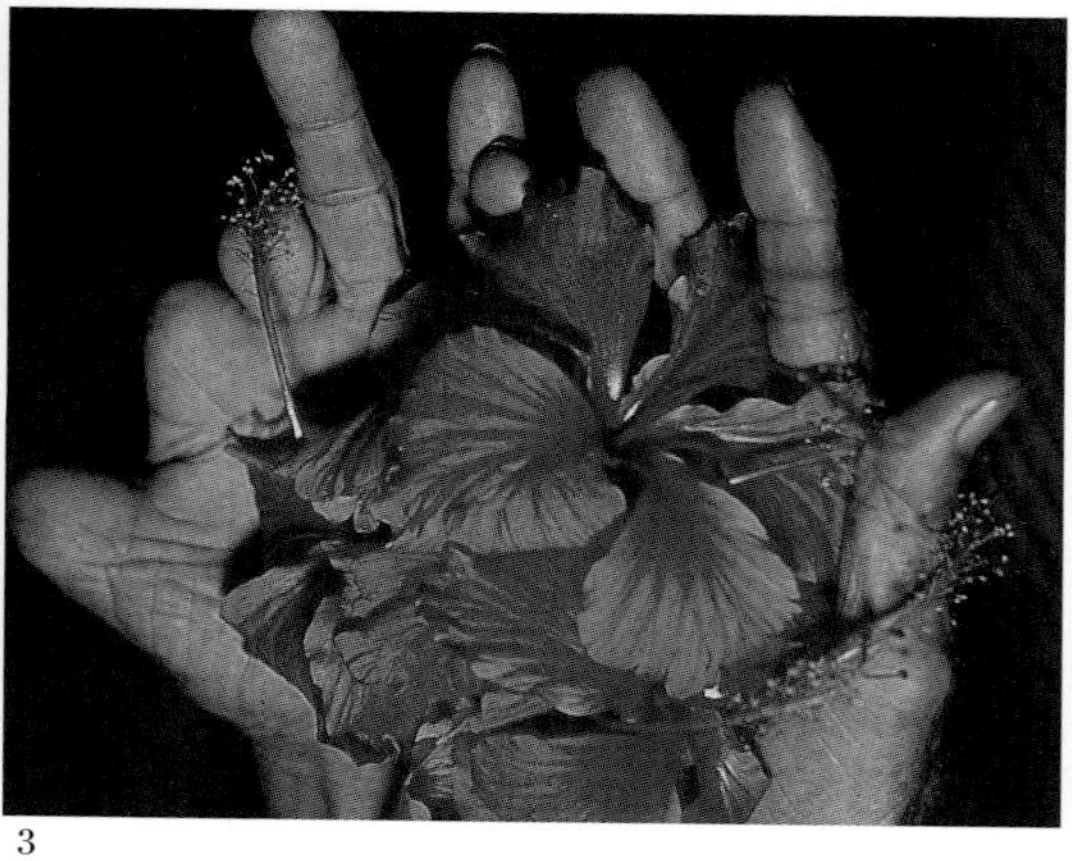

3

1　1984 年（昭和 59 年）ジャカルタの軍事博物館での志田。
2　2004 年（平成 16 年）インドネシアの家族と。
3　独立戦争中に失った志田の左手の指。

元日本軍雇員　山本芳正　ヤシン・ヤマモト

戦後ジャカルタにて雑貨を扱う店を開いていた。戦争については何もしゃべらなかった。1984 年（昭和 59 年）撮影。① 1919 年（大正 8 年）2 月 20 日生まれ②高知県③ジャカルタ④雑貨店など⑤家族構成不明　1997 年（平成 9 年）3 月 7 日死去

元陸軍曹長　小泉敏雄　バハルデン・コイズミ

「戦争は食うか食われるかです。戦争は人を変えます」といった小泉は、残留元日本兵の中では事業で成功した１人といわれている。「私は20歳で徴兵され３年後に満期除隊、そして25歳で徴兵ですから、人間の生活をしていたのは、２年かそこらです。だから我々には青春なんていう言葉はありません」。小泉は亡くなる２か月前スマトラ島ランポン出身の娘ほど年の違う38歳のヤスコと結婚した。ヤスコの父は元日本兵で、ヤスコが生まれてまもなく日本に帰ったという。ヤスコと中国系インドネシア人の母親は、独立戦争中は日本人の子とわかるのを恐れ山中を逃げ回り、独立戦争後は、「日本の鬼の子」といじめられ生長したという。小泉は戦後インドネシアで材木商として活躍した。①1914年（大正３年）３月21日生まれ②神奈川県横浜市③ジャカルタ④材木商⑤妻　1984年12月31日死去　1984年（昭和59年）撮影、69歳。

1

2

Presiden Republik Indonesia

Republik Indonesia.

Surat tanda Djasa Pahlawan

Kami Presiden-Panglima Tertinggi
Angkatan perang Republik
Indonesia

Menganugerahkan Tanda Djasa Pahlawan
kepada:

Nama:

Pangkat:

Djabatan:

Kesatuan/Djawatan:

Atas djasanja
didalam perdjoangan gerilja membela kemerdekaan Negara.

Djakarta, tanggal 10 - 11 - 1958

Presiden-Panglima Tertinggi
Angkatan Perang Republik
Indonesia.

No 39584

3

4

5

1　1939年（昭和14年）10月召集時　25歳　東京代々木の部隊にて小泉（右）。

2　小泉の遺影を抱くヤスコ　1986年（昭和61年）撮影。

3　小泉の独立功労勲章証（ゲリラ勲章）

4　材木の調査でニューギニアを訪れた小泉はジャングルの中で日本軍機を見つけた。

5　カリマンタンの材木伐採現場を調査する小泉。1975年ころ。

1

2

3

夕刊 読売新聞

残留元日本兵 押し流す40年

インドネシア 望郷の訴え

歴史の大河の小木

難問抱える友の会

二、三世の日本語教育

生きた証 記録に残す

1人また1人逝く

独立戦争の英雄たち

4

1 残留元日本兵の仲間と。右から乙戸、伊丹、小泉、福祉友の会の運営が安定するまで小泉が多額の資金を提供した。

2 小泉が死んだ日、近隣の人々が集まり死を惜しんだ。

3 ジャカルタにあるカリバタ英雄墓地の小泉の墓。小泉敏雄の名はなくバハルデンとだけ記されている。

4 小泉の死は、筆者によって国内の新聞社に連絡、大きく取り上げられた。

元陸軍憲兵　越智茂　ルスタム・オチ

「終戦後、ジャカルタのグルドック刑務所に入れられました。特高の私は確実に死刑だと思い、仮病を使い山の病院に入り、そこから逃げ独立軍に入りました。病院の鉄条網を超える時は思いました。これで日本を捨てるのだと…」。東部ジャワで日本人部隊にも入り激戦を戦った。越智はインドネシア国籍を取らず日本籍を貫いた。1984年（昭和59年）撮影。①1915年（大正4年）4月8日生まれ②愛媛県③ジャカルタ④貿易業など⑤家族構成不明　1991年（平成3年）5月5日死去

元陸軍憲兵曹長　小野寺忠雄
スダルモ・オノデラ

小野寺は終戦後、上陸してきた英軍によって刑務所に収監されるが、義勇軍兵士だったインドネシア人の手引きにより刑務所を脱走した。「当時、日本兵の中で憲兵はすべてシンガポールに送られ銃殺されるという噂が流れていました。それで脱走しました。独立戦争は遊撃戦のようなものでした。食い物は、英・オランダ軍から奪う、兵器はインドネシア人が日本軍に行って奪う、まあ泥棒戦争みたいなものです。昭和20年10月のことです。オランダ軍が植民地時代の宿舎の修理を住民に命じたことから、彼らの中にあった独立への種火に火がつきました。インドネシア人は、日本軍を襲いました。もちろん、オランダ軍からは武器の譲渡厳禁命令は出ていましたが、日本軍はあっさりと武器をわたしました。どうせ、オランダ軍に武装解除されるのです、武器を手に入れたインドネシア人は、さらに海軍基地襲い、撃ち合いが始まりました。そこで立ち上がったのが、柴田弥一郎司令長官でした。『戦っても意味はない、日本がここで戦えば永遠の↖

1951年（昭和26年）独立戦争終了時の小野寺と家族。

↙敵になる、武器を渡そう』。この時、東部ジャワ州のインドネシア側にわたった日本軍の武器は、小銃2万6千、機関銃6百、戦車12両、そのほかに高射砲や軍艦も含まれていました。それらの武器が東部ジャワにいた独立軍に流れました。しかし、多くの戦闘の中で指揮をとったのは、銃器や戦闘にたけた元日本兵でした」。小野寺の独立戦争は東部ジャワが中心で、日本人部隊の一員としても活躍している。インドネシア側に日本軍から最終的に流れた武器は、小銃6万3千丁、機関銃5千丁、火砲427門と推定される。国軍の礼服を着た小野寺と妻ソヤクティ。自宅で。①1916年（大正5年）4月11日生まれ②岩手県③ジャカルタ④会社経営など⑤妻と子5人　1996年2月8日死去　1984年（昭和59年）11月11日撮影

元陸軍軍属　上田金雄　アビデン・ウエダ

妻子を連れ独立軍のゲリラ部隊で戦っていた上田は、突然機関銃の音とともにオランダ軍に包囲された。「私と現地で結婚した妻オノは、ここで一緒に死にましょう…といいました。私は妻のこめかみに銃をあてました。妻は私を見て手を合わせました。涙を流している目は私を信頼している目でした。私も声を殺して泣きました。私には撃てません」。１９８４年（昭和59年）撮影。①１９１５年（大正４年）９月20日生まれ②岡山県③ジャカルタ④日系企業など⑤妻と子７人　１９８５年（昭和60年）３月８日死去

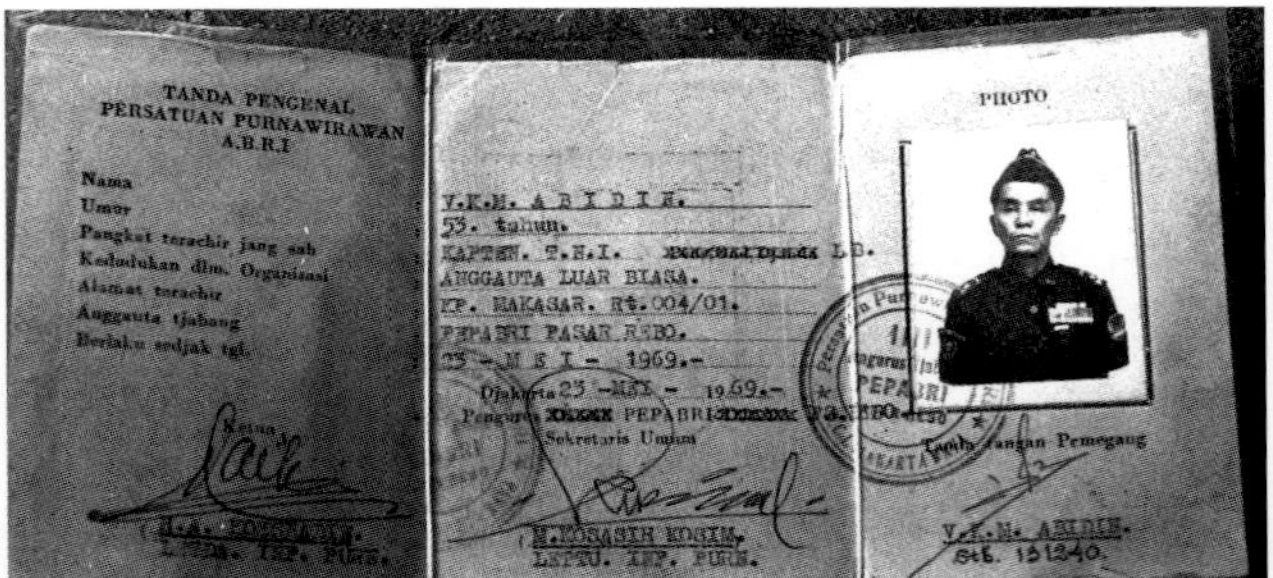

TANDA PENGENAL
PERSATUAN PURNAWIRAWAN
A.B.R.I

Nama	V.K.M. A B I D I N.
Umur	53. tahun.
Pangkat terachir jang sah	KAPTEN. T.N.I. L.B.
Kedudukan dlm. Organisasi	ANGGAUTA LUAR BIASA.
Alamat terachir	KP. MAKASAR. Rt.004/01.
Anggauta tjabang	PEPABRI PASAR REBO.
Berlaku sedjak tgl.	23 - M E I - 1969.-

Djakarta 23 -MEI - 1969.-
Pengurus PEPABRI
Ketua
Sekretaris Umum
M.KOSASIH KOSIM.
LETTU. INF. PURN.

PHOTO

Tanda tangan Pemegang
V.K.M. ABIDIN.
Stb. 151340.

右　1934年（昭和９年）呉海兵隊に入ったころの上田（左）。19歳。
左　上田のインドネシアでの在郷軍人証。

1

2

1　1982年（昭和57）10月、厚生省の里帰り援助で成田に着いた上田は、目が見えぬため元陸軍上等兵の林京一に手を引かれた。先頭は元陸軍兵長・酒井富男、林の後ろ元陸軍一等兵・相沢喜一郎そして元陸軍兵長・大塚秀夫、上田の後ろが元陸軍軍属の小川繁治。(J)

2　1982年故郷の大佐山を背景に小学校の同窓会が行われた。中央が上田、その左が恩師・児玉校長。

1

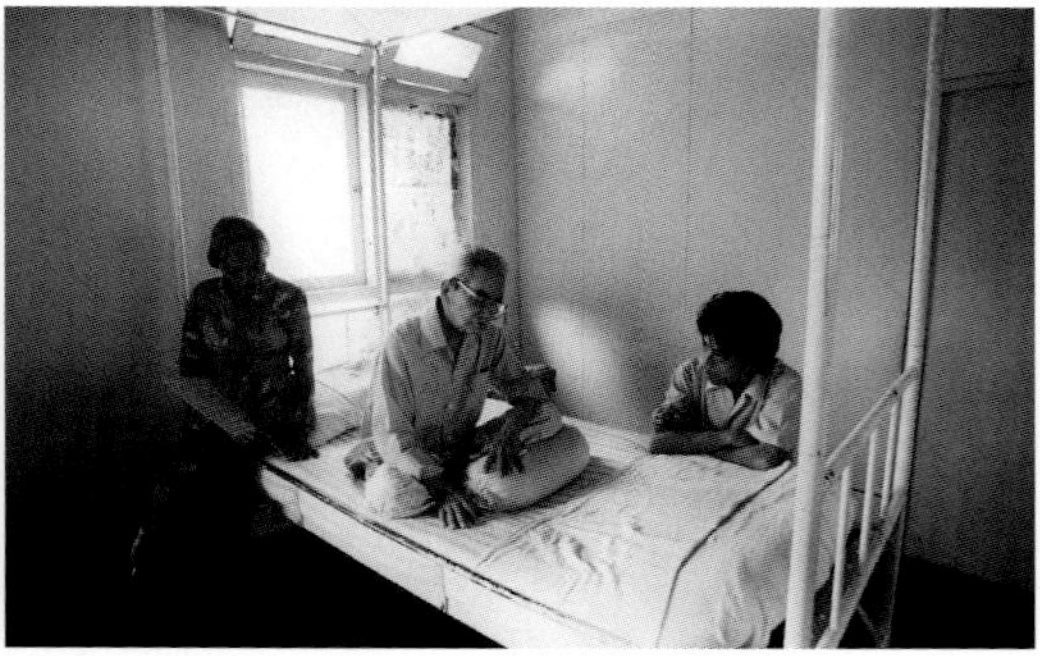

2

3

1　上田の遺髪の入った封筒と思い出の写真。
2　上田の入院している陸軍病院。逝去する一か月前。1985 年（昭和 60 年）3 月撮影。
3　愛する妻オノと孫。1984 年（昭和 59 年）撮影。

元陸軍軍属　清水宏　ムハンマド・シミズ

離隊理由　1、台湾は日本でなくなった。2、日本の軍人教育は、敗戦の日本で通用しないと思った。3、兵器をアチェ州知事に祝辞代わりに渡した。武器の供与は重罪だった。「その責任は連合軍に必ず問われる。だから逃亡した」。独立戦争中は、武器製作やインドネシア兵の軍事教育に携わった。清水は「これが私の生きた証です」といって英雄勲章を見せた。清水は口数が少なく「台湾出身です」といった。１９８５年（昭和60年）撮影。①不明　②台北③ジャカルタ④日本企業など⑤妻と子
１９８７年９月12日死去

自宅の庭で家族と。

元陸軍上等兵　辛川国次　ウイラ・カラカワ

「日本が敗けると、もう日本という国はなくなったと思いました。私は米と三八銃を持ち戦友と離隊し独立軍に入りました。独立戦争中、スマトラ島パレンバン近郊でオランダ軍と遭遇し、インドネシア兵４名が死に、私は足と腹と腕をやられました。独立戦争後英雄勲章をもらいましたが、名誉だけでは生活していけません。新聞集金業務などをやり家族を養いました。故郷ですか、それはなつかしいです。でも、親、兄弟もすでに亡くなり帰る気はしません。この国が私の国なのです」。１９８４年（昭和59年）撮影。①１９２１（大正10年）２月３日生まれ②熊本県③ジャカルタ④日本企業など⑤妻と子５人　１９８５年（昭和60年）９月21日死去

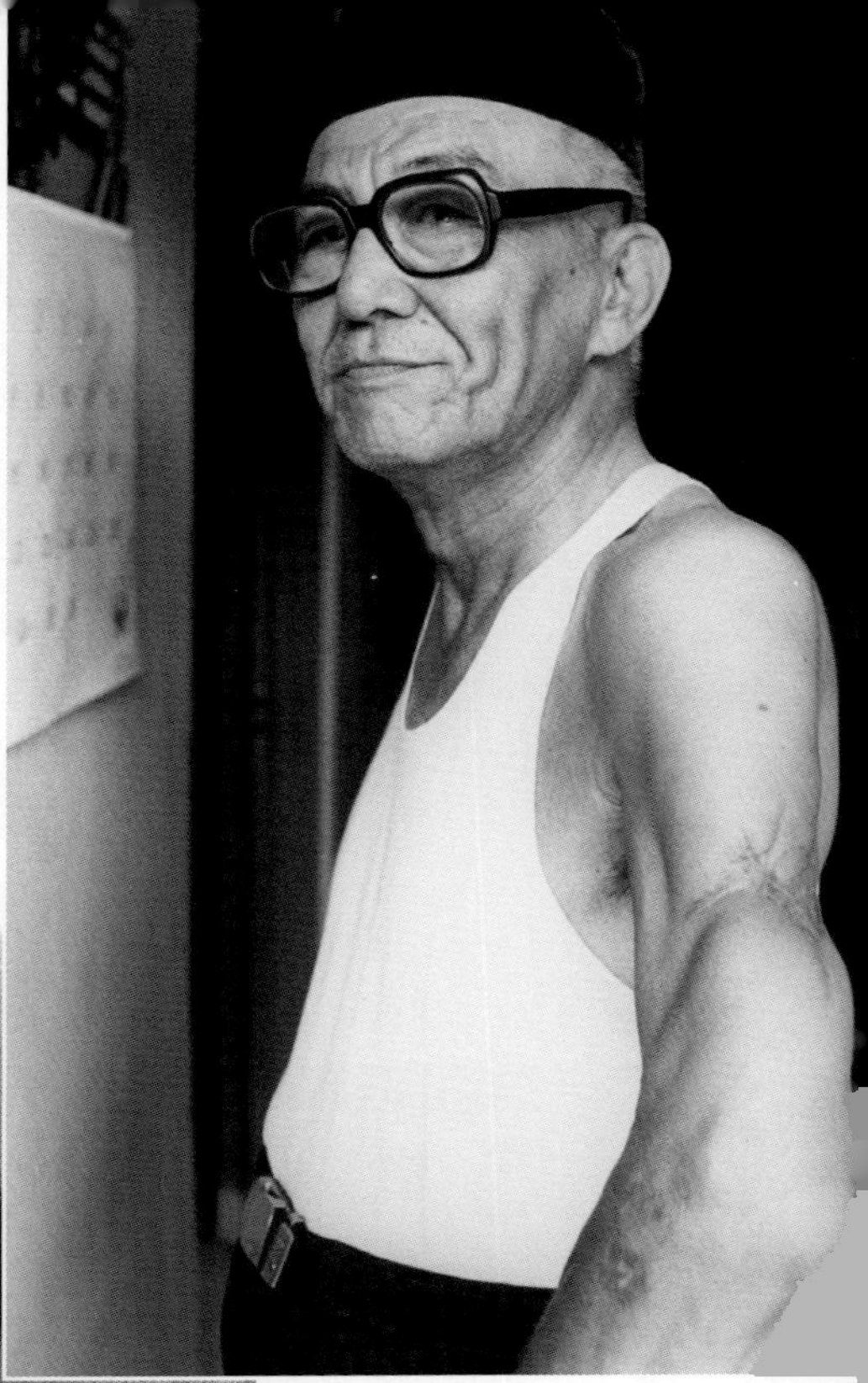

1

1　パレンバン近郊での戦闘で、辛川は部下のインドネシア兵４名を失い、自らも左腕に被弾した。
2　辛川の英雄勲章証書と正装の写真（1965 年ころ）

2

1

2

1　ジャカルタの目ぬき通りにある歓迎の塔の前に立つ辛川。
2　辛川が異国で育んだ家族。

元陸軍伍長　石峰秀雄

昭和13年兵の石峰は１９４３年（昭和18年）現地除隊となり、現地で結婚する。独立戦争中、オランダ軍に撃たれ左足が不自由になる。１９５３年（昭和33年）日本の商社が入ってくると野村貿易に入り、後同社のメダン支店長になる。クリスチャンのため現地名はない。１９８５年（昭和59年）撮影。①１９１８年生まれ②沖縄県③ジャカルタ④日系企業など⑤妻と子３人　１９９０年（平成２年）１月５日死去

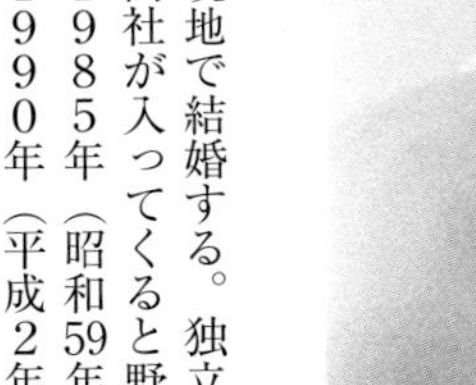

石峰の子・リチャードは、1947年（昭和22年）7月生まれ。1968年（昭和43年）3週間かけ船で日本に渡り拓殖大学に留学する。学費はバンドを組み赤坂の月世界やミカドで歌うことで賄った。今は従業員数百人を抱える水道用品メーカーを経営している。

元陸軍伍長　勢理客文吉　イスマイル・セリキャク

硫黄島の玉砕を知った勢理客は、家族も全員死んだものと思った。敗戦後すぐに短銃三丁と小銃一丁で武装し、親の仇を討とうと離隊する。1962 年（昭和 37 年）、日本領事館から父と兄は戦死したが、母と姉妹が伊豆大島に疎開し無事であることを知らされた。その時、「体に温かい血が流れ涙が出てしかたなかった」という。1975 年（昭和 50 年）4 月、日本の戦友会の招きで 36 年ぶりに故郷に帰ったが、母は数年前に亡くなっていた。1984 年（昭和 59 年）撮影。① 1919 年（大正 8 年）4 月 26 日生まれ②東京都小笠原中硫黄島③ジャカルタ④雑貨店経営⑤妻と子 3 人　1995 年（平成 7）年 5 月 27 日死去

2

1

3

1　1937年（昭和12年）ころ、中硫黄島青年学校（後列左から2人目）。
2　1940年（昭和15年）　麻布教育隊で。
3　勢理客の家族。1984年（昭和59年）撮影。

元陸軍一等兵　相沢喜一郎　ウスマン・ルビス・アイザワ

「兵補教育をしたインドネシアの教え子に、独立のために戦ってくれ、と頼まれました。独立戦争は武器不足で山の上から石を落とし、竹槍や弓で戦いました。戦後はアンボン島の日系商社で働きました。1965年（昭和40年）ころ、港に入ってきた船が日の丸をつけて来たときは、なつかしさで泣けました。その時、あの船に乗っている日本人と自分とはもう別の人間なのだと思いました。乗組員の接待を受け、その時、日本に帰ったほうがよかったのだと後悔しました。戦争ですか、ああいうみじめことは、二度とやってほしくないです」。1984年（昭和59年）撮影、62歳。①1922年（大正11年）4月14日生まれ②東京都③ジャカルタ④新聞販売店勤務など⑤妻と子6人　1999年（平成11）5月17日死去

1995年（平成7年）8月、渡辺大使から感謝状を受け取る相沢。

孫と散歩する相沢。

1942 年（昭和 17 年）上田の勤めていた足立電気同期生、出征前の送別会（前列左から２人目上田）。

元陸軍軍曹　中瀬元蔵　ウマル・ナカセ

「教え子の日本軍補助部隊兵補に、インドネシアには軍隊がないと誘われて日本軍を離隊しました。毎日が戦争で毎日が人殺しだった。敵味方もわからず、気が狂ったように戦いました。数えてみると全部で43回オランダ軍と戦いました。悪夢のようです」。１９７５年（昭和50年）中瀬は元軍属・堀江義男の悲惨な死を目のあたりにし、福祉友の会設立のきっかけをつくった。①１９１９年（大正８年）８月１日生まれ②兵庫県③ジャカルタ郊外④農場経営⑤妻子　死去日不明　中瀬の農場で孫たちと、１９８７年（昭和62年）撮影

1955年（昭和30年）ころの中瀬。

元陸軍軍属　中川義郎　アスヌール・ギロー・ナカガワ

中央大学に在学中に徴兵された中川は、１９４２年（昭和17年）３月、シンガポールからスマトラに上陸、翌年６月50人の兵とともに満期除隊になった。多くは帰国し、再召集され沖縄や硫黄島で死んだ。「まさに軍隊は運隊」だと中川はいう。除隊後、戦局が悪くなると軍属となり現地結婚し終戦を迎えた。１９４６年３月引き上げ命令が出た。「私は妻子への責任感で残留しました」という。中川の父は政友会の院外団、母は吉原の遊郭で小間物屋を営んでいた。法科出身の彼は残留元日本兵の会の定款や難しい法的な分野を担当した。戦後は、日本企業に勤め、邦人向けのミニコミ紙も発行している。①１９１８年（大正７年）３月13日生まれ②東京都③ジャカルタ④日系企業など⑤妻と子６人孫30人　２００１年（平成13年）６月13日死去　中川の家族と１９９７年（平成９年）自宅で撮影

1984 年（昭和 59 年）、中川の娘の結婚式。

元陸軍上等兵　村石吉春　カルトビ・ムライシ

村石に会ったのは、1995 年（平成 7 年）8 月大使公邸での感謝状の授与式の時だけだった。1958 年（昭和 33 年）の厚生省が調べた未帰還者名簿を見ると、国内連絡先に妻とある。①1917 年（大正 6 年）3 月 11 日生まれ②東京都③ジャカルタ④⑤戦後の職業、家族構成不明　死去日不明

元陸軍憲兵伍長　堤清勝　リデワン・ツツミ

「敗戦後、インドネシア人と日本軍の衝突を避けさせることが、私の日本軍最後の任務でした。そのため原隊復帰は不可能となりました。日本軍が撤退していくのを、沿道の人々の中で見送った私は、ただ涙をこらえていました。失意の私に希望を与えてくれたのは、当時17歳の妻でした。結婚し独立戦争が激しくなると、妻を実家に預け参戦しました。その妻も数年前脳溢血で倒れ黄泉の国の人となりました。36年連れ添った妻に先立たれた時は、片腕を切り取られた思いでした」。１９８４年（昭和59年）撮影。①１９１９年（大正８年）11月13日生まれ②北海道③ジャカルタ④農業、日系企業など⑤妻と子８人　１９８９年（平成１年）７月13日死去

出口の葬儀で堤（前）。後ろは岩元。

元陸軍軍属　南里勇　スマルディ・ナンリ

南里の母ハツからインドネシアの知人への手紙「先日、息子、勇の死亡通知書確かに受け取りました。ただ唖然として涙がとどめなく流れ悲しんでいます。さぞ夏子さん始め家族一同が悲しみに打ちひしがれていることと思います。顧りみすれば、17歳の時、朝鮮から電気の技術員として貴国インドネシアに渡り30幾星霜。遠く離れたみ空で病魔と闘いながら故国日本を思い出していたのだろうと思うと、可哀相でなりません」。夏子は南里の妻で名はルキヤ。ハツは南国に暮らす嫁を、そう命名していた。南里は１９４５年（昭和20年）８月インドネシア青年に襲われ拉致される。９月８日日本軍の駐屯地に戻るが、すでに日本軍は移動し帰る術を失った。①１９２４年（大正13年）生まれ②朝鮮半島の南浦③ジャカルタ④配線工事、ダム工事など⑤妻と子８人　１９８５年（昭和60年）３月８日死去

元気なころの南里。１９８４年（昭和59年）撮影。

南里の家族　１９８４年（昭和59年）

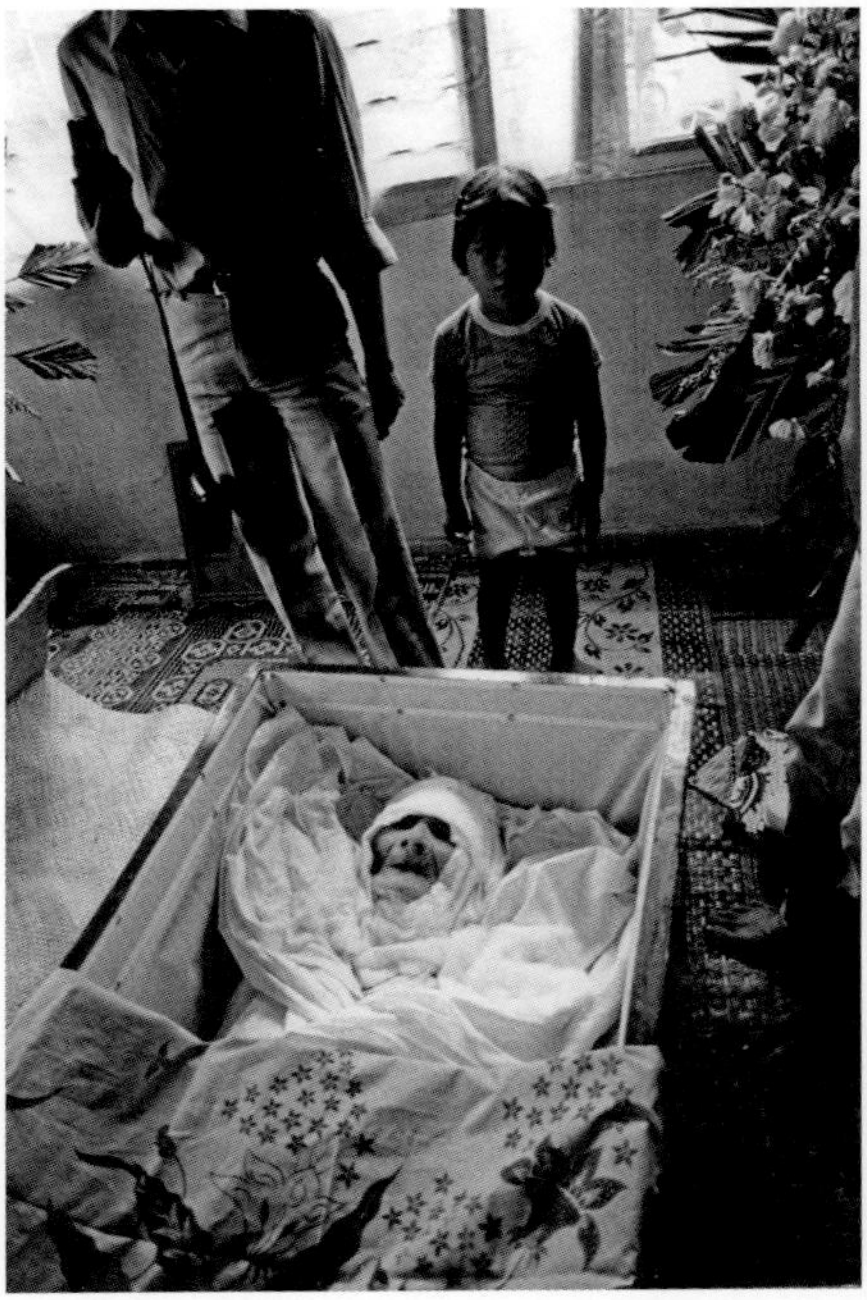

南里の顔は苦難に満ちていた。死期を予知した南里は家族を呼び寄せ「テレマカシー」（ありがとう）「戦友によろしく…我々の記録を残して」といい、途切れとぎれに「さよなら」といった。

1985 年（昭和 60 年）3 月 8 日　南里の柩の上でインドネシア国旗が揺れた。裸足の子どもたちが肖像画を指差し「スマルディおじさんが星なったんだ」といった。英雄勲章「ビンタン・ゲリラ」は、ゲリラの星を意味している。

儀仗兵が抱く南里の肖像を先頭に、妻や子どもたち、戦友の順で柩はカリバタ英雄墓地を行進した。南里の柩を担ぐ若い儀仗兵の何人が、南里が日本人であったことを知っているのだろうか。

1

2

1　最後の別れを告げ柩の上に花を散りばめる南里の家族や親族たち。
2　1978 年（昭和 53 年）10 月 1 日、37 年ぶりに帰国した南里（前列中央）、同窓生に囲まれて。

元陸軍軍曹　樋口修　ルスリ・ヒグチ

敗戦後、インドネシア軍に拉致された樋口は、火器弾薬の専門家だった。独立軍では、重火器の製作・修理をし、元日本海軍の飛行場から武器を見つけては再生した。秋田鉱専（現秋田大学）を卒業し、住友本社に勤めた経歴の樋口は、独立戦後、高校の数学教師となり、その後イナルム（日イ合弁のアルミ精錬会社）の重役になる。「独立で多くの日本兵が犠牲となったが、我々が死ぬと完全に忘れ去られてしまうのです」。その樋口は1996年深夜、使用人が手引きした強盗に襲われ殺された。1986年（昭和61年）撮影。①1918年（大正7年）4月24日生まれ②群馬県③ジャカルタ④日系企業など⑤妻と子3人　1996年2月3日死去

元陸軍上等兵　林京一　ハッサン・ハヤシ

捕虜になり殺されるならばと林は、インドネシア独立軍に身を投じた。戦いの中で何度も日本に残した妻と幼い長男の夢を見た。妻子を忘れようと戦った。林の戦死公報は1947年（昭和22年）に出ていたが、日本の妻は数年待ち続けた。しかし7年後、林が連絡をとったとき、妻は再婚していた。死んだはずの父からの便りに家族は驚いたが、長男には林が母と子を捨てた非情な父と写った。インドネシアの妻と、1984年（昭和59年）撮影。①1920年（大正9年）9月17日生まれ②和歌山県③ジャカルタ④日系企業勤務など⑤妻と子5人　1987年（昭和62年）9月26日死去

1

2

3

1　1942年（昭和17年）出征する林と長男を抱く妻（右）。妻の弟（左）と兄の子（林の前）。
2　青年期の林（左）、友人と。
3　1942年（昭和17年）九州宮崎航空隊にて、この後インドネシアに向かうことになる。

元陸軍兵長　福西孟

スレイマン・フクニシ

「どうして離隊逃亡したのか。流言飛語が飛び交い、どうせ殺されるならと思ったからでしょう。独立戦争に参加した我々は、英雄墓地が永遠の安らぎを得る場所です」　戦後、福西は木材で財をなした元陸軍曹長・小泉敏雄の木材工場で働いた。小泉の眠るジャカルタのカリバタ英雄墓地を訪れた福西は「墓碑はインドネシア名で書かれています。日本人がインドネシアの独立戦争を戦ったという証がほしいです」といった。今では小泉とともに英雄墓地に眠っている。１９８６年（昭和61年）撮影。①１９２２年（大正11年）３月31日生まれ②高松市③ジャカルタ④日本企業など⑤妻と子５人

１９９７年（平成９年）５月６日死去

ジャワ島
（ジャカルタ・スラバヤを除く全域）

インドネシア各地で見る独立戦争を戦う兵士の像。
東部ジャワ・マラン近郊にて、２０１３年（平成25年）撮影

元南方屑鉄統制組合嘱託　田中幸年
アブドル・ロシド・タナカ

日本軍政下のインドネシアで、田中の集めた屑鉄は回収され兵器として生産された。「私の頭の中には熱い南進論が叩きこまれていました。敗戦の時、私の心の中の何かが音を立て崩れ落ちていったのです。だから私は故国を捨てたのです。もう国家の大義に振り回されることのない、ただの一生物として石を噛んでも生きて行こうと思ったのです」。①１９０７年（明治40年）10月20日生まれ②東京都③ジャワ島ジョクジャカルタ④インドネシア空軍保養所管理人⑤妻と子８人　２００８年（平成20年）12月４日死去（１０１歳）戦後、田中が経営したロスメン（民宿）の入口前で２００５年（平成17年）撮影

1

2

3

4

5

1　1927年（昭和２年）東京で会社員をしていたころの田中。
2　1945年（昭和20年）、バンドンで田中の秘書だった妻のエリウスと。
3　1960年（昭和35年）ころの田中。
4　1984年（昭和59年）の田中。
5　2008年（平成20年）自宅で。

1

2

3

1　2003 年（平成 15 年）の田中。
2　2005 年（平成 17 年）の田中。
3　2007 年（平成 19 年）100 歳を記念して集まった田中の家族と親族たち。

2008年（平成20年）101歳での里帰り、娘のよしこと東京都蒲田で。

元陸軍二等兵　加藤慶明　サマン・カトウ

軍国少年だった加藤は18歳で軍属志願した。母は泣き、父はお国のために生きて日本の土を踏むなといった。敗戦後、父の手前、日本に帰るわけにいかず独立戦争に参加した。戦後25年たって突然母は息子の生存を知り訪ねてきた。加藤はなりふりかまわず母にすがって泣いた。「よしあき、よしあき」と叫ぶ母親に応えようとしても、加藤の口からは日本語がでてこなかった。① 1926年（大正15年）1月20日生まれ②大阪③ジャワ島タンゲラン④日本企業守衛など⑤妻と子8人　2001年（平成13年）3月12日死去　1984年（昭和59年）自宅での加藤

1

2

3

1　独立戦争が終了した1950年（昭和25）
24歳の加藤。
2　1984年（昭和59年）時の家族。
3　1992年（平成4年）時の家族。

元海軍上等兵曹　井上助良
アリピン・イノウエ

満州事変に始まり井上の半生は戦いの連続だった。除隊になった4年間だけが娑婆の生活だった。だから、結婚してすぐに別れた日本の妻子との思い出はほとんどないという。独立戦争が終わると力が抜け、次から次に死んだ戦友の顔が浮かんでは消えていった。戦争は残酷だと井上はいった。「私には親の資格はありません」といい、国内家族のことは触れたがらなかった。日本の妻は3人の子どもを抱え戦後を生き抜き脳卒中で倒れた。1984年（昭和59年）撮影。①1910年（明治43年）2月20日生まれ②愛媛県③ジャワ島チレボン④キャンディー製造業など⑤妻と子3人1998年（平成10年）1月9日死去

元陸軍上等兵　岸布留男　モハムンド・アリ・キシ

「肺を患いインドネシアの陸軍病院で敗戦を知りました。そこへ郷土防衛義勇軍の教え子が来て独立戦争を手伝ってくれと請われました。夜中に安田伍長、島崎通訳と逃亡しました。戦後は食うためにマンゴ売りからワニ獲りまで何でもやりました。ワニの皮は高く売れました」。①1919年（大正8年）3月21日生まれ②岡山県③ジャワ島タンゲラン④日本企業など⑤妻と子4人　1994年（平成6年）4月9日死去　1984年（昭和59年）撮影、64歳

1942年（昭和17年）満洲での岸。

元陸軍専任嘱託　笠原晋　ヨハネス・カサハラ
東京で薬局勤めをしていた笠原は33歳で軍属として徴用され、スマトラ島に上陸すると農園の製薬研究所に席を置いた。連合軍上陸後も製薬研究を続け、１９４６年にオランダ軍から集結命令を受けたが行けず、独立軍に入った。独立戦争中は、野戦病院に勤務した。独立戦後は、日本の製薬会社の農場でマラリヤなどの研究をする。①１９０９年（明治42年）３月21日生まれ②神奈川県③ジャワ島スカブミ④エイザイ勤務⑤家族構成不明　１９９６年（平成８年）６月17日死去　エイザイのスカブミ薬剤研究室で、１９８４年（昭和59年）撮影

元陸軍上等兵　砂川春一　スラマット・スナガワ

1995年（平成7年）日本国大使からの感謝状贈呈式後、残留元日本兵の会事務所を訪れた砂川親子　①1922年（大正11年）7月15日生まれ②沖縄県③ジャワ島マラン④雑貨商など⑤妻と子1人　死去日不明

元陸軍兵長　山口京次　スワンデー・ヤマグチ

集落で山口は虎のスワンデーと呼ばれていた。昼は静かに眠り、夜になると酔い徘徊するのだ。インドネシア軍の軍服に勲章、腰に軍刀（日本刀）をさげ「ウー!」「イー!」と出す声が虎に思えるらしい。集落中が大騒ぎになる。山口は、一時帰国し、親の財産を分けて貰い悠々自適の生活をしている。が、「さみしいです。どうしても故郷のことを忘れることはできない。だから酒を飲み忘れるようにしているのです」といった。1986年8月14日未明に山口は酒を飲み過ぎ亡くなった。1984年（昭和59年）撮影。①1921年（大正10年）5月19日生まれ②東京都③ジャワ島スマラン④建築業など⑤妻と子3人　1986年（昭和61年）年8月14日死去

1

2

1　質素な生活を送る山口。
2　1971年（昭和46年）10月　一時帰国して親族・知人に歓迎される山口（中央）。

元海軍上等兵曹　寺岡守一　ダライ・テラオカ

貧しい集落の片隅にある寺岡の家には、戦艦大和と撃墜王といわれた加藤健夫隼戦闘隊長の細密画がかけてあった。寺岡はここで「ハリマオ・ジャパン」（日本の虎）と呼ばれていた。集落の男が「ハリマオ・ジャパンは、この国がオランダの植民地だったころ、遠い東の国からやって来た。そして彼はこの国の独立のために戦った英雄だ」といった。寺岡は「建国の士」として尊敬されていた。インドネシアの妻はすでに亡くなり、15歳の娘と住んでいた。①１９２０年（大正９年）１月18日生まれ②広島県③ジャワ島スマラン④自動車修理工⑤妻と子１人　１９８５年11月25日死去　集落で独立の英雄と尊敬される寺岡、１９８４年（昭和59年）撮影

自宅で娘と。後ろに寺岡が描いた戦艦大和が見える。1984 年（昭和 59 年）撮影。

藤田は立つこともできない。壁に英雄勲章証書や元気な時の写真が貼ってあった。1984年（昭和59年）撮影。

元陸軍軍属　藤田清　サマン・キヨシ・フジタ

下半身不随の藤田と面倒を見る寺岡守一（左）２人は独立戦争以来の戦友だ。週に３回藤田を訪ねる寺岡は、医者に行くと高いから藤田に注射を打つ。藤田は「生きていてもいいことはありませんでした。つまらん人生でした。日本に何の未練もありません。おふくろは死にました」とつぶやいた。①１９２３年（大正12年）４月29日生まれ②東京都③ジャワ島スマラン④自動車修理工場、運転手など⑤妻と子３人　１９９４年（平成６年）７月24日死去

藤田を見舞う寺岡（左）。

元海軍兵曹長　千代森道治　ウマル・チヨモリ

「私は日本海軍に足掛け12年間軍籍を置きました。日本国籍を離れた我々には戦傷者戦没者遺族等援護法・恩給法が適用されません。少なくともインドネシア国籍をとるまでは日本人であったのですから、戦時補償一時金を受け取る権利があります。申請書を出しましたが、日本政府はなしのつぶてです」。１９９１年残留元日本兵21人に初めて日本政府より一時軍人恩給が支給された。１９８４年（昭和59年）撮影。①１９１７年（大正６年）４月24日生まれ②鹿児島県③中部ジャワ・レンバン④農業⑤妻と４男３女　１９９５（平成７年）８月４日死去

海軍時代の千代森。

元陸軍上等兵　石川芳夫

ムハンマド・アジデン・イシカワ

「敗戦後、オランダの使役でこき使われました。毎日便所掃除ですよ。悔しくてね、戦いもせずに敗戦ではね。１９４６年（昭和21年）３月、ジャワ山中に逃げましたが病気になり村人に助けられました。それで独立軍に入り若者を集め軍事教練をしました。出征するとき３歳になる娘がおり、１９８３年（昭和58年）厚生省の未帰還者特別援護措置で日本に里帰りしましたが、娘には恨まれました」。①１９１３年（大正２年）３月25日生まれ②茨城県③ジャワ島スカブミ④漁業⑤妻と子８人　１９９８年（平成10）４月21日死去　インド洋を見つめる石川（72歳）、１９８４年（昭和59年）撮影

1936年（昭和11年）ころ、石川の日本の家族。

1

2

3

1 １９８３年（昭和58年）戦後初めて帰国した茨城で（前列右より５人目石川）

2 帰国し娘（左）に恨まれた石川、言葉を発することができなかった。

3 １９８４年、石川のインドネシアの家族（自宅前で）。

元陸軍伍長　難波行雄　コマル・ナンバ

①１９２０年（大正９年）３月10日生まれ②岡山県③ジャワ島バンドン④会社員など⑤妻と子　１９９５年（平成７年）４月14日死去

元陸軍上等兵　森蔭矗　ハッサン・モリカゲ

森蔭は病気のため取材が困難であった。ただ一言「負けて帰るなら死ねといわれた」とだけいった。１９４２年（昭和17年）入隊、釜山、シンガポール、セレベスなどを転戦し、バンドン近くのチマヒで終戦。中部ジャワを中心に独立戦争を戦う。１９８４年（昭和59年）撮影。①１９１７年（大正６年）４月25日生まれ②兵庫県③ジャワ島バンドン④タイヤ修理業など⑤家族構成不明　１９９５年（平成７）年11月12日死去

バンドンに住む右から森蔭、本坊（126頁参照）、難波、互いに助け合い生きている。1984年（昭和59年）撮影

元陸軍上等兵　富永定仁
イスマイル・トミナガ

「終戦はスマトラ島パレンバン
で迎えました。腹が立ちまし
た。勝った、勝ったできて、急
に負けたのです。命がけでやっ
てきたのに嘘ばかりつきおっ
て。故郷は……遠くで見るから
いいのです。父も母も死にまし
た。私の墓もすでにできている
とのことでした。私は日本に帰
る気持ちはありません。最近は
日本語がわからなくなった」。
１９８４年（昭和59年）撮影。
①１９２１年（大正10年）２
月１日生まれ②福岡県③ジャワ
島チレボン④製材業・鉄工業な
ど　⑤妻と子１人　１９９３年
（平成５年）２月12日死去

元陸軍一等兵　堀井豊
スヨノ・ホリイ

「敗戦後、戦友が私にいいました。日本が滅びたのに、何が皇軍、何が帝国軍人ぞ、俺は自決すると。私はどうせ死ぬのなら、独立戦争に参加し、ひと暴れして死んだらどうだといいました。そういった手前、私も離隊逃亡せざるをえなくなりました。死ぬ気で戦っているうちに、私は戦争の神様と呼ばれるようになりました。①１９２１年（大正10年）４月18日生まれ②大阪市③ジャワ島マゲラン④日本企業の寮管理人など⑤妻と子７人　１９９９年（平成11年）１月２日死去　１９８４年（昭和５９年）撮影、世界遺産ボルブドールに続く道で。

1985年（昭和60年）3月29日、43年ぶりに帰国した堀井、成田空港にて。

元陸軍兵長　本坊高利
スカント・モトボウ

「その日、玉音放送はよく聞き取れなかった。戦争はこれからだ、南方軍は頑張れというデマが流れた」と本坊はいう。敗戦を実感したのは、部隊長の自決だった。９月下旬から日本軍は連合軍の指揮下に入り、バンドンのインドネシア独立軍陣地を砲撃した。日本とインドネシアは兄弟と信じてきた本坊は苦痛だった。それが離隊逃亡しインドネシア独立軍に入った理由だった。１９８６年（昭和61年）撮影。①１９２１年（大正10年）３月28日生まれ②宮崎県③ジャワ島バンドン④雑貨店経営など⑤妻と子２人　１９９５年（平成７年）１月４日死去

元陸軍軍属　小川繁治　スカルマ・オガワ
１９８２年（昭和57年）厚生省の未帰還者特別援護措置で帰国した小川（左）、続いて元陸軍一等兵・相沢喜一郎、元陸軍上等兵・林京一、元陸軍兵長・酒井富男、同・大塚秀雄、元陸軍准尉・石井正治。①１９１２年（明治45年）４月11日　生まれ②島根県③ジャワ島タンゲラン④工場など⑤妻と子４人　死去日不明（J）

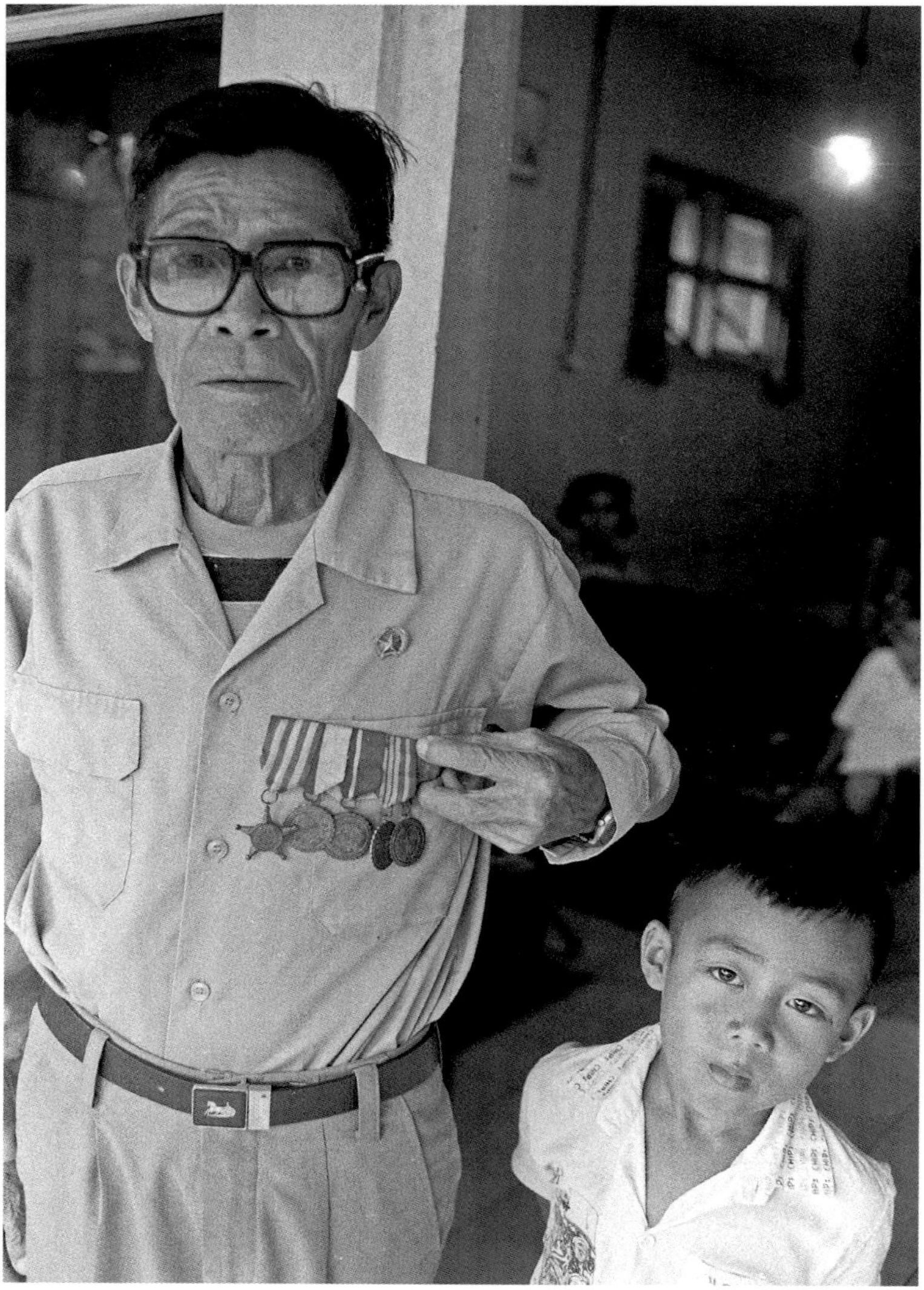

元陸軍上等兵　赤岩秀吉
ザイアル・アビデン・アカイワ

赤岩の独立戦争の思い出は、戦友2人とスマトラ島のテビンテンギーから、南部戦線に移動したときに、汽車がわりにトロッコを使い暴走したことだ。轟音をたててカーブで横転し投げ出されたが幸運にも助かった。徒歩8時間かかる所を40分で目的地についた経験が赤岩の青春の唯一の思い出なのだ。「これが私がもらった勲章です」と胸を張った。1984年（昭和59年）撮影。①1921年（大正10年）11月25日生まれ②鹿児島県③ジャワ島スカブミ④自動車修理工・ダム工事など⑤妻と3男1女　1997年（平成9年）5月6日死去

元陸軍兵長　田中光行
ストロ・タナカ

１９９５年（平成７年）日本国大使からの感謝状贈呈式後、残留元日本兵の会事務所を訪れた田中と妻と息子　①１９２２年（大正11年）10月10日生まれ②岐阜県③マゲラン④運送業など⑤妻と子５人　死去日不明

元陸軍兵長　塙定正　ハッサン・ハナワ

敗戦をバンドンで迎えた数日後、将校から訓示があった。「日本は降伏したが、3日後に再戦する。心して準備するように」。そしてインドネシアでは独立軍による日本軍の武器奪取が始まった。「インドネシア側に日本人がいれば争いはなくなる。独立軍に行け」と塙は上官から命令を受け、独立軍に入った。1986年（昭和61年）撮影、妻スワルニと孫と。①1919年（大正8年）生まれ②茨城県③ジャワ島バンドン④運送業など⑤妻と子9人　1993年（平成5）2月25日死去

ジャワ島スラバヤ

スラバヤにある、独立戦争で活躍したインドネシアの英雄スデルマン像、立っているのは元陸軍兵長・荒川博好、1984 年（昭和 59 年）撮影。

元陸軍一等兵　重河博之　ウマル・サントス・シゲカワ

①1924年（大正13年）3月25日生まれ②広島県③ジャワ島スラバヤ④日系商社など⑤妻と子4人　1985年3月7日死去　正装した重河、1984年（昭和59年）撮影

1

2

3

4

1　1948年（昭和23年）ころの重河（左）。　2　母を思い出す重河。　3　我が子の帰りを待った母。

4　1949年（昭和24年）、インドネシアの独立戦争終了時の写真。左端・重河、中央・高井受一（群馬県出身）独立戦後帰国。

1949年（昭和24年）部下のインドネシア兵に囲まれた重河（右矢印）、高井受一（中央の白服）

＊重河の残したテープから。偶然のことから手にした重河のテープは哀調をおびた軍歌（暁に祈る）から始まる。

あゝ　あの顔で　あの声で
手柄頼むと　妻や子が
ちぎれるほどに　振った旗
遠い雲間に　また浮かぶ

あゝ　堂々の　輸送船
さらば祖国よ　栄えあれ
遥かに拝む　宮城の
空に誓った　この決意

昭和18年、東部ジャワ・スラバヤの海軍燃料部の軍属をしていた私は、現地で徴兵検査を受け、兵隊としてバンドンの野戦航空隊に配属された。

入隊すると初年兵教育が始まり、朝から晩までビンタをくらい、内心馬鹿らしく、残念であり、コンチクショウと思った。二等兵から一等兵になったと思ったら終戦、何のためのビンタだったのか。毎日、鉄砲をかついで実弾の一発も撃たず敗戦、悔しいと思った。終戦とともに抑留されていたオランダ軍人が出てきて、日本軍将校がオランダ兵に徹底的に殴られていた。将校といえば、直立不動の姿勢で敬礼をしていたので、人形のごとく殴られるのを見て残念であり無念だった。

昭和20年12月25日、夜7時、私と楠瀬は寝ている戦友の加藤を起こし離隊を誘った。

しかし、加藤は俺の故郷埼玉は被害を受けてない、俺は日本に帰るといった。そんな彼を、金も服も全部用意してある、インドネシア側とも連絡済だ、とにかく俺たちと一緒に出ようと説得して、無理やり離隊させた。

3人で飛行機用重機関銃・弾薬・小銃・手留弾を航空部品管理庫から運び出し、鉄条網の外で待っていたインドネシア兵に渡し、彼らの案内でバンドンのインドネシア軍に行った。

そのころバンドン市内では毎日のように連合軍とインドネシア独立軍との間で市街戦が繰りかえされていた。

次の日、楠瀬と加藤と私の3人は、インドネシア独立軍と一緒に、バンドン市内に突入した。私は、町中でグルカ兵（イギリスの傭兵）1名と出くわし驚いた。私の初めての戦闘だった。私はすばやく腰の小銃を抜きグルカ兵を撃った。

町角に銃機関銃を置き、敵の来るのを待った。敵は連合軍といっても前面にたたされ戦争しているのは、治安維持命令を受けた日本兵だった。日本軍装甲車を先頭に、グルカ兵とインド兵が後についていた。私は敵に向け銃機関銃をぶっぱなした。すると気持ちがすっきりし、まるで敗戦のうさ晴らしをしているようだった。装甲車の弾丸が私たちの反対側に落ちた。我々が日本軍の軍服を着ているので、脱走日本兵だと知り、装甲車の上から日本兵が手を振り、「さがれ！　さがれ！今度は本気で撃つぞ」といった。

私たちが退却すると同時に、我々のいた場所に砲弾が落ちた。装甲車の日本兵は戦闘に積極的ではなかった。戦争が終わっているので無駄死にしたくなかったのだ。30分もすると装甲車は退却し、拾えといわんばかりに、あまった弾丸を路上に捨てた。

昼ごろ、私は退却したが、町中ではぐれた加藤は帰って来なかった。宿舎に戻ると、「日本人が死んだとインドネシア人が知らせてきた。彼らは独立軍に入ったばかりの私たちの名前さえ知らなかった。撃たれたのは、加藤だった。日本に帰るという加藤を無理やり連れ出し、こんなことになるとは…。私は加藤に心の中で詫びた。そして、まもなく楠瀬も市街戦で死んだ。戦争だから、しかたないが、私はどうしてよいか……ほんとうにわからなかった。

インドネシア軍を昭和26年に除隊した後は、生活のため華僑の用心棒に始まり、ありとあらゆる仕事をした。昭和30年ころ、日本企業がスラバヤに入って来ると通訳の仕事をもらい、生活が安定した。独立戦争中に戦死した楠瀬と加藤の日本の家族に連絡をとろうと思ったが、調べても彼らの出身地や住所はわからなかった。

重河は、英雄墓地埋葬有資格者であったが、彼の遺言は一般墓地への埋葬だった。それは死んだ戦友に対する重河のせめてものつぐないだった。

元陸軍一等兵　廣岡勇　モハンマド・サレー・ヒロオカ

戦前ジャカルタで、兄の経営していた廣岡鉄工所を手伝うが、開戦前に日本人資産が凍結されたことで帰国。１９４２年（昭和17年）３月ジャワ軍政監軍属としてジャワ島に上陸、その後現地召集を受け入隊、バンドンにて終戦を迎えた。バンドンの弾薬庫警備中にインドネシアの区長に誘われ独立軍へ。「独立戦争中日本人は、オランジャパンと呼ばれインドネシア人に尊敬された。戦闘はすべて日本語で撃て、進めと号令した。オランダ軍は日本語が聞こえると怖がるのです」。１９８４年（昭和59年）撮影。①１９２１年（大正10年）９月10日生まれ②山口県③ジャワ島スラバヤ④日本企業など⑤妻と子２人１９８９年（平成元年）10月27日死去

日本の家族写真　右から廣岡16歳、弟、弟、兄、後ろ左から、姉、母、妹。

元陸軍兵長　酒井富男　ムハンマド・スマルト・サカイ

酒井は、日本に原爆が落ち壊滅状態になったと聞き帰国を断念した。独立戦争中インドネシア兵の背負っていた機関銃が暴発、後ろにいた若林という日本人に十数発の弾丸が食い込んだ。即死だった。その場で石の墓標をつくり、「これは勇敢な死だ」と泣いた。独立戦争後、若林の遺骨は酒井たちによって南マラン・ダンビット英雄墓地に埋葬された。二男（左）の子を抱いて、妻のルカヤと（右）、1984年（昭和59年）撮影。①1922年（大正11年）3月19日生まれ②東大阪③ジャワ島スラバヤ④トラック運転手など⑤妻と子7人　1985年（昭和60年）5月9日死去

左　1942年（昭和17年）呉にて（酒井・左）。
右　酒井の帰りを待った両親。

1

2

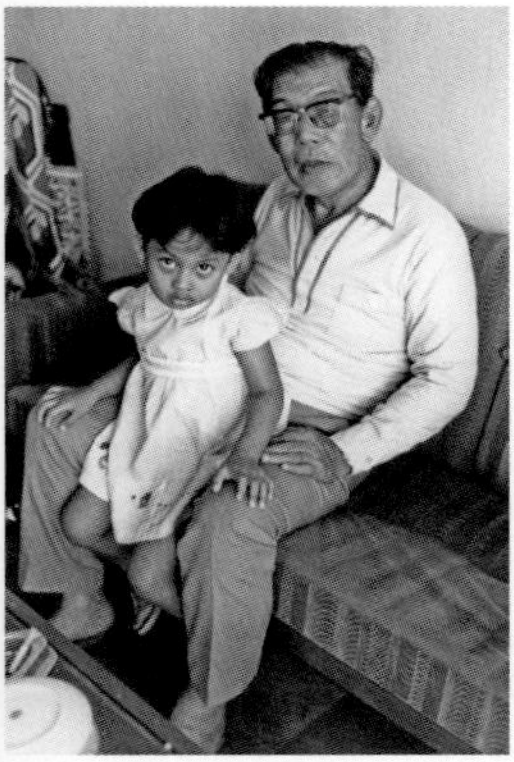

3

1　独立戦争後スラバヤ郊外にて、1952 年（昭和 27 年）ころの酒井（右）左端は廣岡。
2　1982 年（昭和 57）10 月、厚生省の里帰り援助で成田に着いた酒井（中央）、右が元陸軍兵長の大塚秀夫（139 頁参照）、左が元陸軍軍属の小川繁治。（Ｊ）
3　孫を抱く酒井、1984 年（昭和 59 年）撮影。

元陸軍兵長　荒川博好
イスカンダル・アラカワ

「昭和15年現役で入隊し、マレー作戦で負傷、17年スマトラに上陸し終戦を迎えました。軍経理の私は、外部と接触が多く、独立軍に誘われ離隊しました。私の独立軍での任務は爆弾作りです。東京出身の私は東京大空襲の惨状を聞き帰国を断念しました。独立戦争中、オランダ軍の捕虜になりましたが、脱走しました」。１９８４年（昭和59年）撮影。①１９１９年（大正８年）４月27日生まれ②東京都③ジャワ島スラバヤ④貿易会社など⑤妻と子４人　１９８５年（昭和60年）８月20日死去

１９３９年（昭和14年）学生時代の荒川（左）。

元陸軍兵長　大塚秀夫
モハンマド・スマルト・オオツカ

大塚は妻と３男１女を残して出征し、戦後、兵補に誘われ独立戦争に参加した。戦後の混乱の中を女手一つで子どもを育てた日本の妻は、敗戦から７年たって大塚の生存を確認する。妻は夫の帰りを待ちわびたが、現地結婚し妻子がいた大塚は帰ろうとしなかった。大塚が結婚のことを伝えたのは12年後だった。妻は衝撃を受けた。翌年、大きくなった子どもたちを見てほしいといい残し亡くなった。大塚（左）とインドネシアの妻（中央）と子どもたち。１９８４年（昭和59年）撮影。①１９１１年（明治44年）７月27日生まれ②大阪府③ジャワ島スラバヤ④新聞販売店勤務など⑤妻と子５人　１９９８年（平成11年）４月19日死去

元陸軍兵長　北村亮一　スギアント・キタムラ

北村の所へは、1984年（昭和59年）から何度か訪問し2005年（平成17年）が最後の訪問となった。Q-戦争とはなんですか。A-国全体が動いていて、何となくです。Q-離隊とは？　A-故郷がなくなり、日本がダメになったと思った。今思うと残ったのは自然です。Q-独立戦争とは？　A-ひどいものです。殺し合いですから。Q-戦後の生活は？　A-自然に食っていけて困ることはありませんでした。Q-故郷は？　A-そんなものはありません。京都で生まれ、両親が離婚、幼少期祖父に預けられました。そして高松商業を出て会社員になり軍隊に入りました。Q-日本に帰りたいですか？　A-ありませんね、その思いはありません。北村は重い口を開き語った。①1917年（大正6年）10月13日生まれ②神戸市③ジャワ島スラバヤ④日本企業など⑤妻と子3人　2006年2月18日死去　2005年（平成17年）年8月、自宅にて。88歳。

1

2

3

4

1　1937 年（昭和 12 年）入営当時の北村、22 歳　2　1941 年（昭和 16 年）日本軍時代の北村、24 歳
3　1951 年（昭和 26 年）独立戦争直後の北村、34 歳　4　1984 年（昭和 59 年）の北村、67 歳

1

2

3

1　1951 年（(昭和 26 年）独立戦争後の北村の家族。
2　1980 年（昭和 55 年）ころ、息子の結婚式。
3　1984 年（昭和 59 年）の北村の家族。

元陸軍憲兵軍曹　前川辰治　ウマル・マエカワ

１９４６年（昭和21年）10月、前川は収監されていたジャカルタのチピナン刑務所を真昼間に仲間12人と脱獄した。１週間前の深夜、同じ憲兵の田中年夫（40頁参照）は２人での脱獄に成功、それだけに夜は警備が厳しく昼間を選んだ。しかし４名が銃殺された。前川にとって東部ジャワが独立戦争の舞台で、「私は廣岡と組み重機関銃を撃ちまくりました」といった。スラバヤの自宅で家族とともに、１９８４年（昭和59年）撮影。①１９１６年（大正５年）12月19日生まれ②新潟県③ジャワ島スラバヤ④日本企業勤務など⑤妻と子１人１９９４年（平成６年）４月10日死去

１９４２年（昭和17年）ジャカルタ憲兵隊時代。

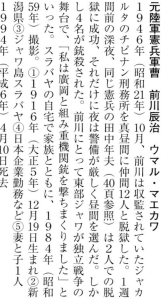

元陸軍軍属　林源治　ソエビジョ・ハヤシ

１９４１年（昭和16年）軍属として徴用される。「日本の敗戦はあまりにもがっかりしました。当時の気持ちを一言でいうとやけくそです。アメリカの捕虜になり、いいなりになるのだったらインドネシア独立軍に入ろう、一人独立軍に行きました。もっていた日本の写真などはすべて燃やしました。一度も日本に帰っていません」。１９８４年（昭和59年）撮影。①１９１５年（大正４年）1月7日生まれ②兵庫県③ジャワ島スラバヤ④農業など⑤妻と子８人　１９９８年（平成10年）11月８日死去

独立戦争直後の元日本兵。右から廣岡勇、杉山長幹、林源治（黒帽子）、山野吾朗、小野盛。

元陸軍兵長　町田宗栄　ウントン・スハルノ・マチダ

「迷いでしょうか。若かったのでしょう。将来も考えず、独立軍に参加しました。独立戦争中は殺らねば殺られる、そんな状況でした。日本人とわかるとインドネシア人は神様のように接してくれました。戦闘経験のある日本人は必要だったのです。故郷（沖縄）の悲惨な戦争は独立戦争が終わるまで知りませんでした」。1984 年（昭和 59 年）撮影。① 1920 年（大正 9 年）1 月 19 日生まれ②沖縄県③ジャワ島スラバヤ④製鉄会社など⑤妻と子 2 人　死去日不明

バリ島

バリ島のブルングンガン慰霊塔そばに荒木武友と松井久年の像がある。村人は独立戦争に参加した2人の日本兵に感謝を込めて建造した。2人は、１９４６年（昭和21年）11月20日のオランダ軍との戦闘、ププタン・マルガナラでン・グラライ将軍と共に玉砕した。松井像、２００８年（平成20年）撮影。

元陸軍伍長　平良定三
ニョマン・ブレレン・タイラ

平良にとってショックだったのは、日本の敗戦以上に故郷（沖縄）が米軍の猛攻撃で占領されたことだった。故郷にはもう帰れないと思い、死に場所としてバリ島を選び独立戦争に参加した。沖縄返還の翌年の１９７３年（昭和48年）12月、平良は戦後初めて日本に帰った。故郷宮古島はコバルトブルーに輝いていた。「バリの海もきれいだが、やはり故郷の海の方がきれいだ」と思った。①１９２０年（大正9年）11月4日生まれ②沖縄県③バリ島④観光業など⑤妻と子6人
２００４年（平成16年）6月5日死去
息子の結婚式にて、１９８４年（昭和59年）撮影

1948 年（昭和 23 年）ころの平良。

1 1984年、独立戦争の戦友に囲まれる平良（左より3人目）。
2 1995年（平成7年）8月、渡辺日本国大使から感謝状を受ける平良。
3 感謝状を持つ平良。左は元陸軍専任嘱託・笠原晋。
4 2003年（平成15年）12月平良の家族。
5 平良のバリ島を歩く姿は完全にバリ人だ。1984年（昭和59年）撮影。

1

2

3

4

5

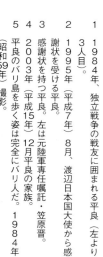

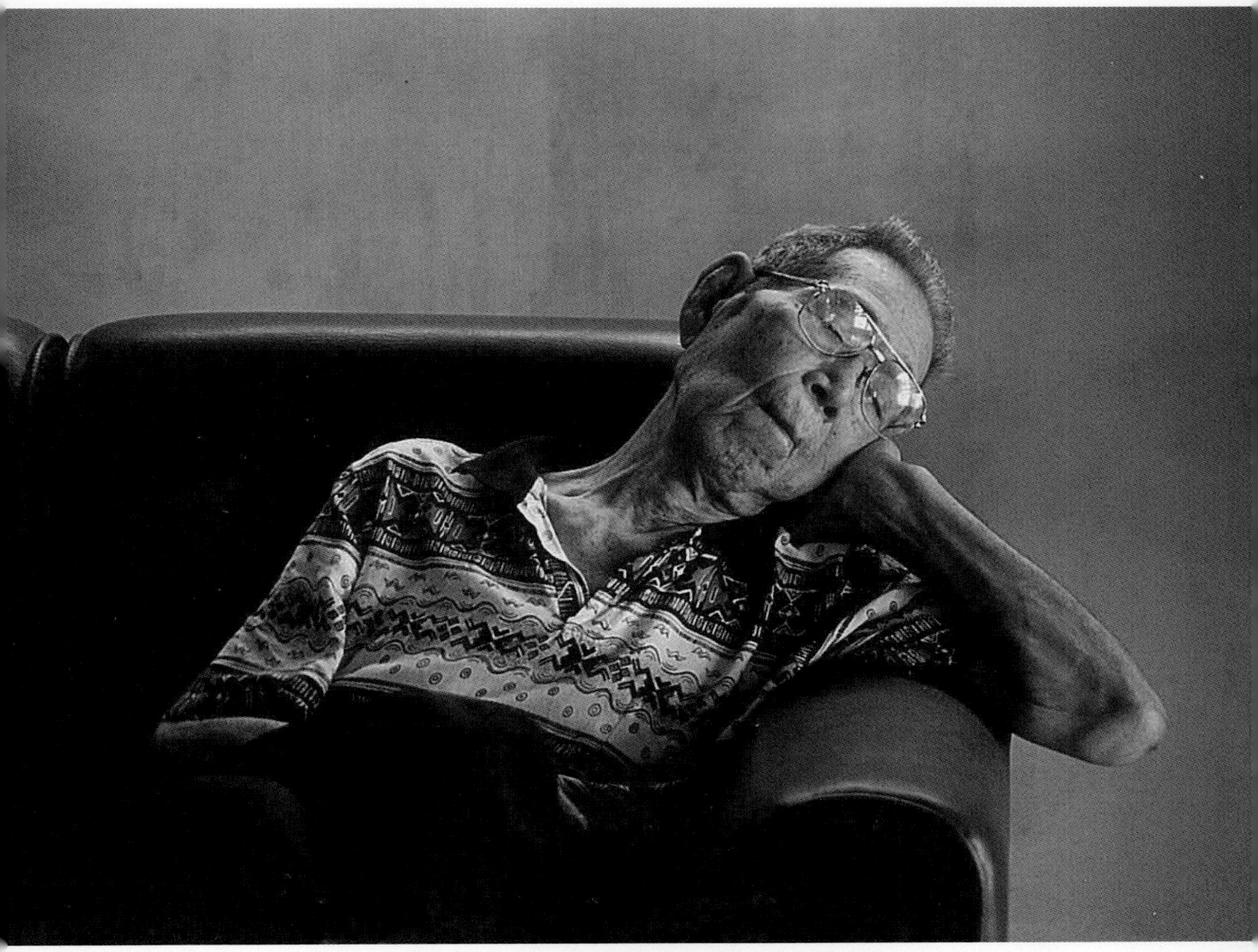

2003年、静かに眠る平良、この半年後平良は息を閉じる。

スマトラ島

スマトラ島メダンにある、１９０６年に建てられたマスジッ・ラヤ・モスクに立つ、残留元日本兵の二世ウメダ（左）とエトウ。２００４年（平成16年）撮影

元陸軍中尉　前田博　スフィアン・マエダ

敗戦の年の11月、メダン北方で日本軍一個中隊約１００人が、武器引き渡しを求める５～６０００のインドネシア群衆に取り囲まれた。群衆のリーダーと交渉できたのは、顔見知りの前田だけだった。前田は日本兵の安全のため無条件で武器を独立軍に渡すことを所属部隊に提案した。１か月後、武器をインドネシア側に渡した責任をとり、その日独立軍に入った。戦後、日本から送られたアルバムは出征までの前田の半生が凝縮されていて、前田は宝物のようにしていた。１９８６年（昭和61年）撮影。①１９２０年（大正９年）12月11日生まれ②兵庫県③スマトラ島メダン④医者・薬剤師など⑤養女１人　１９９４年（平成６年）６月４日死去

1

2

3

4

1　生後数か月後の前田。
2　小学校時代、1927 年（昭和２年）６月の前田。
3　憂愁の日々を送った、大阪薬専（現大阪大学）時代の前田。
4　筆者に送られてきた前田の手紙は几帳面な文字で書かれていた。

1952年（昭和27年）5月22日、元スマトラ25軍戦犯処刑地跡に残留元日本兵が集まり慰霊塔をつくった。写真は慰霊塔建立発起人が写真屋を呼んで記念写真をとらせた時のもので、若き日の前田が前列右にいる。前列から元陸軍准尉・石井正治（北海道出身）中列右から元陸軍中尉・前田博　元陸軍少尉・川路進（昭和27年帰国）元軍政部雇員・庄司重雄（長野県出身）元陸軍曹長・山本久勝（高知県出身）元南方燃料廠雇員・石川信光（新潟県出身）後列　元陸軍少尉・島崎好人（帰国）元陸軍軍曹・原（千葉県出身）。

1

2

1　メダン市内でベチャに乗る前田。
2　左は前田の養子メリー、右は前田とともに戦った元陸軍憲兵少尉・坂本貞四郎（青森県出身）の子、エルミン・サカモト。坂本は独立戦争中戦死している。

元陸軍兵長　岩井正男　マハンマド・ユスフ・イワイ

岩井の自動車修理工場は「ベンケル・トウキョウ」という。日本語に直訳すれば修理工場・東京だ。岩井の仕事は丁寧で仕上げがいいと評判だった。取材中に無二の戦友木村が訪れた。２人は釣りの話に終始する。その会話がまるで少年のようだった。岩井は異国にいるとやはり頼りになるのは日本語の話せる親友だといった。が、離隊のことは、話したがらなかった。子どもが小さい岩井は「まだ死ねない」といった。１９８４年（昭和59年）撮影。①１９１７年（大正６年）12月９日生まれ②群馬県③スマトラ島ピマタンシャンタル④自動車修理工場経営⑤妻と子２人　１９９３年（平成５年）７月１日死去

岩井の家族、経営する修理工場で、1984 年（昭和 59 年）撮影。

1　元陸軍軍曹の木村実と岩井は独立戦争以来の親友である。２人とも海釣りが趣味で、仕事の合間をみては２人でマラッカ海峡のタンジュンバレイなどで釣糸をたらす。２週間ほど前に岩井は、１人で釣りに出かけ大物を釣った。「どうだい木村さん最近は、でかい魚はつれたかい」「そりゃ、あんたと違って腕がいいからな」「どうこんなの釣ったことはないだろう」岩井と一緒に写っている背丈ほどあるメバチの写真を木村にみせた。「ほうー、魚もあわれんであんたに釣られたんだな」「「木村さんすなおに負けたといいなよ。２時間はかかったな、釣りあげるまでに、写真があるから木村さんもまいったな」と岩井がいった。２人はまるで少年のような会話を楽しんでいた。

2　壁に掛けられた昭和天皇皇后の肖像と父・末次郎（左端）の写真。

3　マラッカ海峡で大物を釣り上げた岩井。

1

2

3

元陸軍技術軍曹　木村実　ステマン・キムラ

「終戦をメダンで迎え連合軍の車両部品を運ぶ途中、インドネシア人に捕まり荷物を与えました。連隊に戻れば処罰されますから、そのまま逃亡しました。復員船の第一陣二隻が沈められたと聞いていましたからいい機会だと思いました。独立戦争が終わってからは食うのが大変でした。実社会の経験のない私は、兵器修理の技術を生かし連合軍が捨てたミルク缶を拾い集めブリキの玩具を作りました。評判が良く驚くほど売れました。次は、ドラム缶をたたいて鍋を作りました。偽医者は儲かりましたが、もし患者が死んだら叩き殺されますからやめました。結婚すると農園を経営し、その後日系企業に勤めました」1984年（昭和59年）撮影。① 1919年（大正8年）3月15日生まれ②東京都③スマトラ島テビンテンギー④医者や農園経営など⑤妻と子3人　1999年（平成11年）11月6日死去

1

3

2

1　1938 年（昭和 13 年）8 月海水浴・鎌倉片瀬海岸　左より２番目が木村。

2　1939 年（昭和 14 年）初年兵のころ。

3　木村の家族、1984 年（昭和 59 年）撮影。

元陸軍兵長　越澤茂雄　バシル・コシザワ

越澤を訪ねると軍歴だけを渡された。1938 年（昭和 13 年）近衛歩兵第一連隊入隊から始まる軍歴には、1941 年（昭和 16 年）東京芝浦を出て中国、サイゴン、プノンペン、マレー、シンガポール、ジャワ、スマトラを転戦した軌跡が書かれてあった。軍歴の最後に、終戦、現在に至る、と書かれた文字が印象的だった。1984 年（昭和 59 年）撮影。① 1918 年（大正 7 年）7 月 17 日生まれ②石川県③スマトラ島メダン④会社勤務など⑤妻と子 1 人　死去日不明

元陸軍軍曹　岩井四郎　アブドラ・イワイ

「私は日本軍当時、野戦病院付けの衛生兵でした。独立戦争が始まると日本軍の補助部隊・兵補出身のインドネシア青年に、独立戦争の負傷者を診させるということで拉致されました。武器の殺傷力はすごく、あらゆる患者を独立戦争が終わるまで診療しました。独立戦後は、許可を得て診療所を開いています」。①1920年（大正9年）2月20日生まれ②千葉県③スマトラ島メダン④診療所経営⑤妻と子2人　死去日不明　診療所の前に立つ岩井親子、1984年（昭和59年）撮影

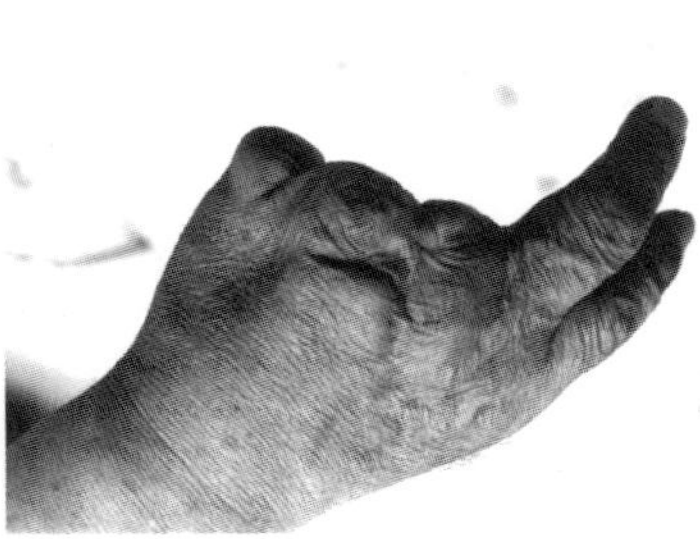

失われた吉田の指。

元陸軍憲兵軍曹　吉田葭太郎　ユスフ・ヨシダ

吉田の軍歴は長く７年９カ月に及ぶ。「離隊は戦犯です。憲兵は間違いなく殺されると思いました。それに戦犯になれば他の人に迷惑がかかります。終戦はスマトラ島のコタラジャで迎え、独立戦争中はインドネシア兵に大砲の使い方を教えました。指ですか、砲弾から信管を抜いているときに暴発しなくしました」。1984 年（昭和 59 年）撮影。① 1918 年（大正７年）２月８日生まれ②新潟県③スマトラ島メダン④診療所経営⑤妻と子８人　1994 年（平成６年）６月５日死去

1943年新宿でチンピラをやっていたという19歳の中村。

元陸軍軍曹　中村常五郎　モハンマド・サレ・ナカムラ

「親父はやくざで、私はその血を引き、若い時は新宿でチンピラをやっていました。そのチンピラがまとめられ、軍属として横須賀海軍工廠に徴用されました。航空兵になりたくてね、19歳の時に親父の印鑑を盗み志願しました。親父にどやされ殴られました。私は負けるのが嫌いでね、それで逃亡したのです。深い意味はありません」。独立戦後もインドネシア軍に残り、しばらく士官学校の教官をしていた中村は、メダン近郊で診療所を開いていた。①1924年（大正13年）2月29日生まれ②東京都③スマトラ島メダン④診療所経営⑤妻と子8人　2006年（平成18年）8月26日死去　1984年（昭和59年）の中村

元スマトラ拓殖会社　弘田実
サムスデン・ヒロタ

「日本軍とインドネシア軍との間に多くの犠牲者が出ました。戦後の日イ関係は我々が懸け橋となり、だからこそ日本の繁栄もあったのです。我々はインドネシアの国籍をいただきましたが、やはり日本人です。軒先をお借りしてひっそりと暮らしているのです」。日本の思い出がつまったアルバムを手にした弘田は「これを見ると心が落ち着く」といった。

1984年（昭和59年）撮影。①1916年（大正5年）生まれ②高知県③スマトラ島メダン④日系企業など⑤妻と子5人　死去日不明

1

2

3

1　1940 年（昭和 15 年）　親族や隣組の人々に送られ戦地へ。
2　1940 年　出征時 24 歳。
3　1935 年（昭和 10 年）両親と祖母と、弘田 19 歳。

元陸軍伍長　高須茂男　タジュディン・タカス

高須は残留元日本兵の中では珍しく日本国籍のままだ。なぜかと問うと「スカルノが独立戦争に参加した者は国籍を問わずインドネシア国民だ」といったからだと説明した。高須に戦争と離隊を問うと、「戦争は命令です。国のためです。早くいえばばかだった」、「兵補と生活を共にし兵器庫の警備をしていたことが離隊の理由だ。日本軍が撤収する１週間前に小銃、米、砂糖などをもち、戦友の日本兵２人にトラックで送らせ離隊した」。①１９２４年（大正13年）３月27日生まれ②神奈川県③スマトラ島テビンテンギ④運送業など⑤妻と子５人　２００４年（平成16）年８月６日、高須の自宅にて撮影。死去日不明

1984 年（昭和 59 年）時の高須。

2004 年 8 月 6 日、車椅子生活の高須。自宅にて。

1942年（昭和17年）戦友西村と古泉（右）。

元陸軍兵長　古泉敏夫　ナザルデン・コイズミ

古泉を訪ねると「戦争を体験してないお前に何がわかる」と叱責された。古泉は1942年（昭和17年）近衛部隊に入隊し、その年の12月スマトラ島に上陸、ビンジャイで終戦を迎えた。戦争、離隊体験などを語ることはなかった。①1921年（大正10年）4月20日生まれ②東京都③スマトラ島メダン④新聞代理店経営⑤妻と子3人、1984年（昭和59年）撮影。死去日不明

郵　便　は　が　き

料金受取人払

本郷局承認

8184

差出有効期間
2016年11月29日
まで

有効期間をすぎた
場合は、52円切手
を貼って下さい。

113-8790

（受取人）

東京都文京区
本郷2-3-10

社会評論社 行

ご氏名　　　　（　　　）歳

ご住所　　　　TEL.

◇購入申込書◇　■お近くの書店にご注文下さるか、弊社に送付下さい。
本状が到着次第送本致します。

（書名）　¥　　（　）部

（書名）　¥　　（　）部

（書名）　¥　　（　）部

●今回の購入書籍名

●本著をどこで知りましたか

□(　　　　　)書店　□(　　　　　)新聞　□(　　　　　)雑誌

□インターネット　□口コミ　□その他(　　　　　　　　　　)

●この本の感想をお聞かせ下さい

上記のご意見を小社ホームページに掲載してよろしいですか?

□はい　□いいえ　□匿名なら可

●弊社で他に購入された書籍を教えて下さい

●最近読んでおもしろかった本は何ですか

●どんな出版を希望ですか(著者・テーマ)

●ご職業または学校名

元陸軍主計軍曹　山梨茂　サリム・ヤマナシ

「中央大学の学生だった私は、１９４３年（昭和18年）4月に近衛歩兵第三連隊・経理部に入隊しました。ソロバンが私の小銃です。敗戦後、日本兵は全て銃殺されると聞き、その年の10月離隊し独立戦争に加わったのです。オランダ軍に捕まり戦車で引き回され殺されたと聞いた日本兵が、戦後日本に帰っていると聞き愕然としました。学徒兵でスマトラから復員した連中の中には企業のトップや大学の先生に出世した連中もいます。これは運命だから仕方のないことですが、結局日本に帰った連中はよかったのでしょうか。独立戦争後は東洋綿花に入りメダン支店長までなりました。我々脱走兵は、日本から人が来ると肩身が狭く感じました。１９６２年（昭和37年）ころです、駐イ日本国大使が現地視察に来て、あなた方が一番困っていることはなんですか、と聞きました。私は国籍がとれずに困っている、と応えました。１９６３年12月に、国籍申請した元日本兵全員にインドネシア国籍がおりました。メダン英雄墓地にて、１９８４年（昭和59年）撮影。①１９２２年（大正11年）２月９日生まれ②東京都③スマトラ島メダン④日系企業など⑤妻と子４人　死去日不明

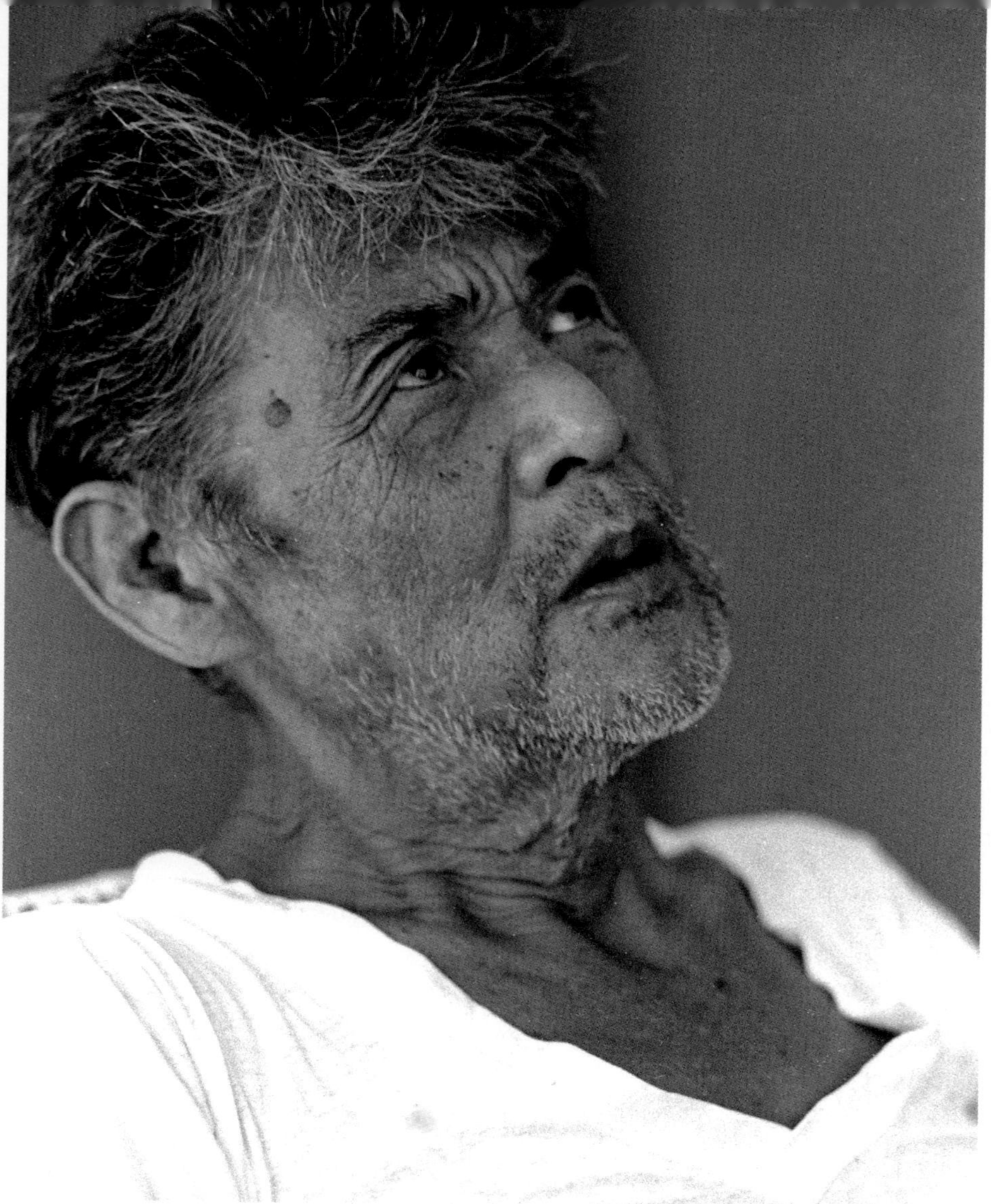

元陸軍兵長　山本忠雄
サバル・ヤマモト

（山本の詩から）

メダンの街の　路地裏に
阿呆阿呆と　鳴く声も
想いは深し　味けなし
黄泉の国は　まだいずこ

忠と誠は　いにしえの
義理と人情は　忘れるな
勝も負けるも　人の世は
誠実一筋　渡るべし

苦労の果ての幸せは
嵐吹く闇遠い道
自分で開け人生は
やがて花さく　明日もある

①１９１８年（大正7年）３月１日生まれ②大阪市③スマトラ島メダン④ゴム園従業員、通訳など⑤妻と子７人　１９８７年（昭和62年）７月31日死去　１９８４年（昭和59年）８月自宅にて。

1　1939年（昭和14年）、野砲第4連隊の戦友と、中国南晶にて（右から2人目が山本）。
2　故郷の母と甥たち（左）。

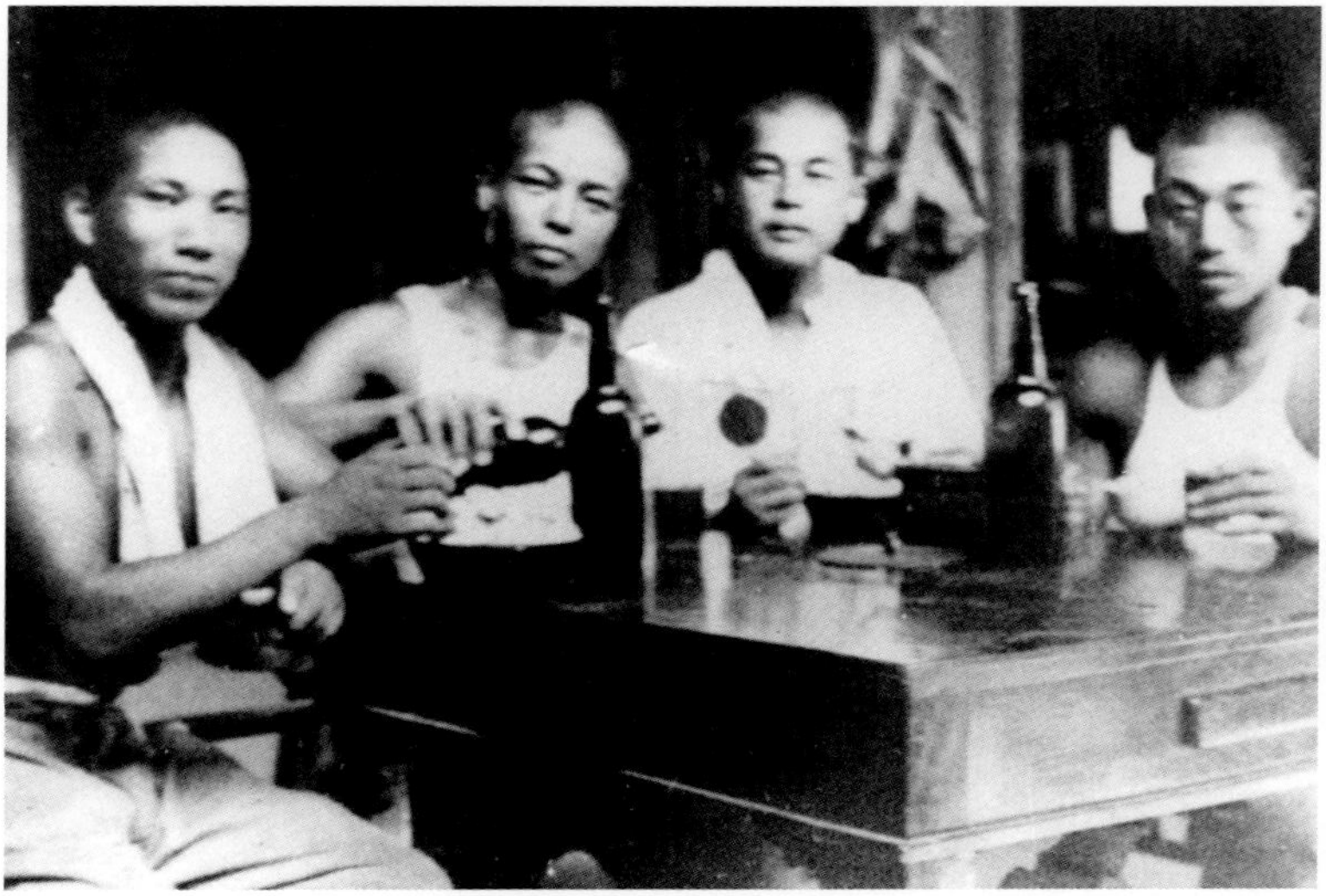

1

2

（山本の詩から）

行って来ます
お母さん
永遠の別離の　幾星霜
東の空の朝ぼらけ
今もなつかし母の国

　功を残して　梅雨と消ゆ
　友を偲んで　霊魂の
　松明の列　粛々と
　英雄墓地に　雨も泣く

　はるかの空に　北斗七星
　淡い星影　南十字星
　耐える想いを　椰子の影

死ぬも生きるも定めなり

元陸軍雇員　庄司重雄　スカルノ・ショウジ

オランダ人抑留所の所長補佐だった庄司は、敗戦とともに連合軍に戦犯容疑で捕らえられメダン刑務所に入れられた。その後次々と刑務所を転送された。どうせ殺されるのならと鉄鋸の歯二枚をひそかに靴下の中にかくし、敗戦の翌年、刑務所の格子を切り脱獄した。独立戦争後は、メダン日本人会を組織し、1961年（昭和36年）にメダン日本領事館開設にともない代理領事をした。「戦争はね、人間をおかしくしますな…」といった。1986年（昭和61年）撮影。①1919年（大正8年）12月27日生まれ②長崎県③スマトラ島メダン④医師など⑤なし　1990年2月12日死去

1

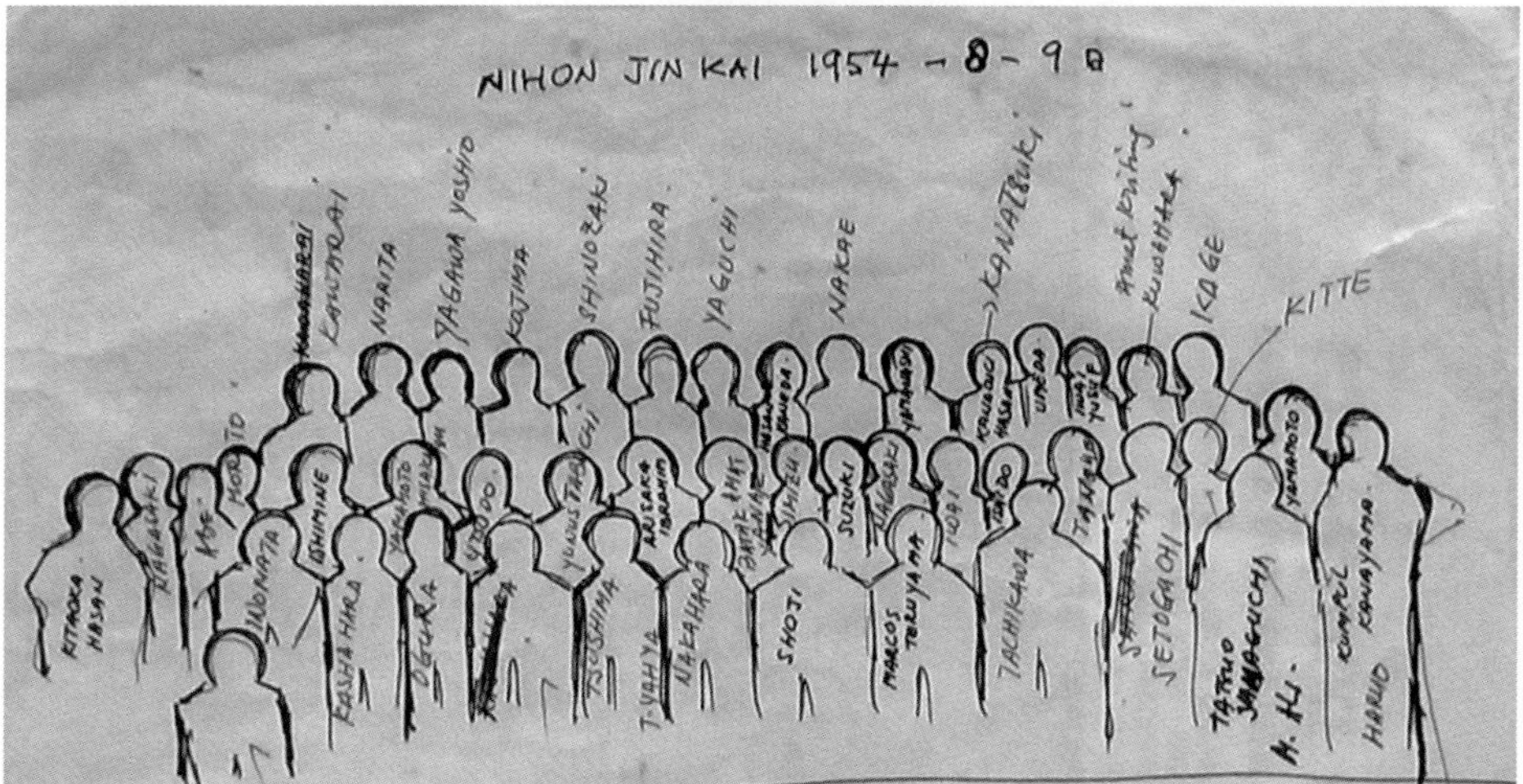

2

1　独立戦争後、残留元日本兵は国籍も無く不安定な身分だった。北スマトラにいた日本人は、1954 年（昭和 29 年）集まりメダン日本人会をつくった。中心になったのは前列右から３人目の元陸軍雇員の庄司重雄であった。
2　集まった邦人氏名。

元陸軍軍属　石黒小三　チャイデア・ショウゾウ・イシグロ

石黒にはなかなか会えず2004年（平成16年）8月やっと会えた。「7千万ルピア貸した、家を取られる、殺せ」と最近口走ると使用人がいった。戦火の中の過酷な体験を思い出しているのだろうか。石黒は1938年（昭和13年）出征、終戦まで戦いの中にいた。Q - 離隊は？　A - 死ぬ覚悟で故郷を出た、生きるとは思わなかった。だからしかたがないです。Q - 独立戦争は？　A - 国籍は多種でした。インド人、オランダ人などもいました。Q - 日本に帰りたかったですか？　A - 帰りたいです。やせがまんをしてきたのです。日本の気候は合いません」。2004年メダンの自宅にて撮影。①1915年（大正4年）12月8日生まれ②愛知県③スマトラ島メダン④請負業など⑤妻と子4人　2005年（平成17年）5月9日死去

元海軍軍属　石堂明吉　イデリス・イシド

石堂は日本に新型爆弾が落ち破壊され、なにも残っていないと聞いた。だから「帰ってもしかたない」という言葉に翻弄させられたという。軍属の仲間数人とトラック２台に機関銃などの兵器を乗せて離隊した。当時のことを石堂は、「私は20歳、若さが判断を誤らせたのです」といった。孫を抱いた小学校の先生をしている妻のエリタ（右）と1985年（昭和60年）撮影。①1923年（大正12年）9月1日生まれ②福岡県③スマトラ島メダン④日本人学校用務員など⑤妻と子２人　2002年（平成14年）12月23日死去

元陸軍憲兵軍曹　青山久一　モハメット・アリ・アオヤマ

元捕虜収容所所長の青山は戦後、戦犯容疑で連合軍の呼び出し受けた。捕虜に顔を知られていた青山は出頭すれば間違いなく銃殺だった。捕虜虐待である。生きるため日本軍の銃器を手に夜陰にまぎれて逃亡した。「戦闘より怖いのは密告でした。私の首にオランダ軍から５０００ギルダーの懸賞金がつきました。戦争でいちばん悲劇なのは民衆です。肉親を引き裂かれ、祖国はなくなり、なのに戦争はなくならない。もうたくさんです、戦争は…」①１９０４年（明治37年）11月28日生まれ②石川県③スマトラ島メダン④日本料理店経営⑤妻と子８人　１９８５年７月26日死去　独立戦争に参加した日本兵慰霊碑・メダンのデリトアで、１９８４年（昭和59年）撮影

スマトラ島メダン郊外にデリトア日本人墓地がある。独立戦争を戦った残留元日本兵の納骨堂内部だ。広さ10坪ほどの中央に観音菩薩があり、その後部に7段に渡り茶色の骨壺が安置されている。白のペンキで番号を記し、出身地や部隊名が書かれている戦没者名簿と照合できる。骨壺の中にはほとんど遺骨はない。遺品が収められているものもある。

元陸軍軍曹　石原征后　ウマル・イシハラ

石原はスマトラ島の小さな町で野戦病院の経験を生かし診療所を開業していた。「日本よい国、清い国。世界にひとつの神の国。日本よい国、強い国。世界に輝く偉い国。我々は、このように教育され、忠良な国民であることを求められていました。敗戦でおめおめと祖国に帰るわけにはいきませんでした」。石原は自分の娘たちにアケミ、ルミ、サナエ、エミコと名付けていた。「日本への郷愁でしょうか」と静かな口調でいった。写真は石原（中央）と妻ラマラ（左後ろ）末娘エミコ（右後ろ）と孫たち。1984年（昭和59年）撮影。①1913年（大正１年）10月31日生まれ②山梨県③スマトラ島バタンクイス④診療所開業⑤妻と子８人　1985年11月19日死去

元陸軍憲兵伍長　中司弘　モハンマド・ユスフ・ナカツカサ

「離隊理由は簡単です。憲兵はすべて銃殺と聞いたからです。昭和18年大阪8連隊に入隊、シンガポールを経て、昭和19年12月スマトラ島シャンタルの憲兵部隊に配属、終戦時の隊長は坂本少尉、今、メダンで診療所をしているエリミンのお父さんです（153頁参照）。たった2年の軍歴が私の人生を決めました」。1984年（昭和59年）撮影。①1923年（大正12年）3月24日生まれ②大阪市③スマトラ島メダン④日本企業など⑤家族構成不明　1996年（平成8年）10月4日死去

元陸軍上等兵　田辺善次
モハンマド・イスヤ・タナベ
昭和15年、田辺は現役（20歳）で近衛工兵隊に入隊し、中国、タイ、ビルマを転戦してスマトラ島に上陸した。その後ビルマに戻り泰麺鉄道敷設に従事した。つらかったという。その後スマトラ島シャンタルで終戦、実社会を知らない田辺はそのまま残った。田辺の家はメダン郊外にあり周囲の風景が日本の田園に似ていた。①1920年（大正9年）1月22日生まれ②千葉県③スマトラ島メダン④日系企業など⑤妻と子1人　1995年（平成7年）11月4日死去　半生を語る田辺、1986年（昭和61年）撮影

田辺を待った父母。

1943 年、広東での田中（左）。

元陸軍雇員　田中秀雄（中国名・盧春生）
ムハンマド・ユスフ・タナカ

日本軍が軍人・軍属として徴用したのは日本人だけではない。戦時下の植民地台湾からも多くの民が戦場にかりだされていった。日本語と中国語が話せる元特務機関の田中秀雄もその１人である。祖国はと訊くと、「そうですね、生まれ育った台湾であり、戦前の教育を受けた日本であり、そして半生を過ごしたインドネシアです」といった。①1923 年（大正 12 年）4 月 16 日生まれ②台湾③スマトラ島メダン④土建請負業など⑤妻と子 16 人　1998 年（平成 10 年）12 月 10 日死去　1984 年（昭和 59 年）の田中

元陸軍軍曹　北岡末雄　ハッサン・キタオカ

メダン近郊で塹壕を掘っていた時、北岡は敗戦を知った。「戦友Tの女に子どもができて、それで誘われて離隊逃亡しました。日本がどうなってしまったのか全く分かりませんでした」。北岡は脳溢血で倒れ、15年間寝たきりで、記憶もはっきりせず、日本に帰ることもなかった。

①１９１８年（大正7年）８月３日生まれ②熊本県③スマトラ島メダン④鉄工業など⑤妻と子２人　１９９３年（平成5年）８月13日死去

１９８６年（昭和61年）８月、北岡と妻トキジャ、メダンの自宅にて

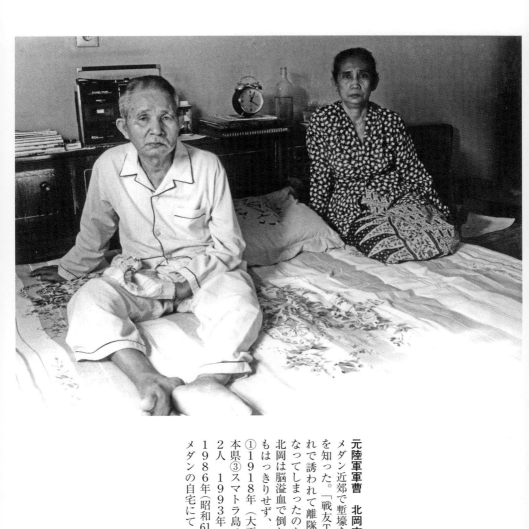

元陸軍兵長　北川安夫　フセイン・キタガワ

1939年（昭和14年）12月宇都宮輜重連隊入隊、中国戦線を転戦し、16年マレー、シンガポール作戦に参加し、スマトラ作戦を経て、ビルマに進駐、スマトラ島北部サバン島を警備中終戦を迎える。北部スマトラ島タンジュン・ムラワで離隊し独立戦争に参加する。「もう日本には帰れないと思い独立軍に入りました」。1984年（昭和59年）撮影。①1919年（大正8年）8月22日生まれ②長野県③スマトラ島シャンタル④農業など⑤妻と子9人　1996年（平成8）9月13日死去

1

2

3

1　北川出征後の日本の家族　前列　父忠蔵　母・たけ
　後列右から妹、姉、兄、兄嫁そして兄妹の子。
2　老いた母はひたすら息子の帰りを待った。
3　北川とインドネシアの家族、1984年（昭和59年）撮影。

元陸軍軍曹　矢野昇
モハムンド・アリフィン・ヤノ
「終戦時、いろいろデマが流れましてな、それで我々機械部隊はオランダの農園から機械類を運び出しました。戦犯はこんなことにも及ぶというのです。戦犯なら残った方がいいと思いました。職業軍人でもずるいのがいて、罪のなすり合いです。そんなことが離隊理由です。独立戦争中は600人の部下を引き連れ中佐でした」。①1913年（大正2年）2月22日生まれ②東京都③スマトラ島メダン④日系企業など⑤妻と子10人　1987（昭和62年）11月18日死去　自宅前で家族と、1986年（昭和61年）撮影

元陸軍曹長　有坂寅四郎　イブラヒム・アリサカ

数日前まで、腸チフスにかかり寝ていたという有坂は、やっとのことで起きてきた。「今思うと流言飛語に惑わされての離隊逃亡でした」と有坂は悔しそうにいった。写真を撮るとき、スカルノと同じ帽子をかぶり、妻や嫁を呼んだが、プライベートなことは一切しゃべらなかった。有坂と家族、１９８４年（昭和59年）撮影。①１９１４年（大正３年）４月２日生まれ②東京都③スマトラ島メダン④自動車修理工場経営など　⑤妻と子４人　１９８５年６月23日死去

元陸軍軍属　鈴木秀男　アブドラ・スズキ

「私は軍属としてオランダ軍が残していった油田で働いていました。敗戦後、我々は近くの農園に収容され使役につきました。ぎらつく赤道直下の太陽の下での作業は辛かった。インドネシアの人々が、口々に『ムルデカ！ムルデカ！』と叫んでいて、やがてそれが「独立」の意味だと知りました。帰国するまで協力しょうと思い、独立戦争に参加したのです」。撮影の時、鈴木は独立戦争の戦功証明書をきちんとならべた。１９８６年（昭和61年）８月メダンの自宅にて撮影。①１９１６年（大正５年）５月１日生まれ②秋田県③スマトラ島メダン④会社経営など⑤妻と子７人

１９９７年（平成９）２月６日死去

1955 年（昭和 30 年）ころの鈴木。

元陸軍上等兵　柳堀衛司　アブドラ・ヤナギホリ

柳堀に取材を申し込むと「今さら生き恥をさらしたくない」と取材を拒否した。数回の訪問に数カットだけの撮影が許可された。肺結核を患い木材関係の仕事は息子がやっている。1943年（昭和18年）赤羽工兵隊入隊後スマトラ島上陸、翌年から泰緬鉄道建設に従事、スマトラ島にて終戦。①1919年（大正8年）3月24日生まれ②千葉県③スマトラ島シマルングン④材木業⑤妻と子4人　死去日不明　自宅で1986年（昭和61）撮影

柳堀の家族。

スマトラ島
（メダンを除く全域）

現地でクブラン・ニッポン（日本人の墓）と呼ばれる無名戦士の墓は、メダンから3時間車で走った小高い丘陵地にあった。墓はコンクリート製で、独立戦後、村人が独立戦に参加した日本人に感謝して作った。村人の話では、日本人十数人が眠っているというが姓名はわからない。墓の向こうに富士山に似た山があり、そのはるか遠くに日本がある。今は墓参する人もいない。２００４年撮影。

元陸軍軍属　小平良一　サメイ・コダイラ

「私は日本のために腕を吹き飛ばされたのではありません。インドネシア独立のために失ったのです。日本のためになくしたのなら帰っています。私は恥ずかしくて帰れないのです」。独立戦争の最中、手榴弾製作中に暴発し隻手となった小平は、撮影をためらう私に「戦争の悲惨さを残すため撮れ」といった。1984年（昭和59年）撮影。①1917年（大正6年）8月8日生まれ②宇都宮市③スマトラ島タンジュンカラン④漁師など⑤妻　1997年（平成4年）5月29日死去

元陸軍軍属　巽時義
ヌュルマン・エフェンデ・タツミ
巽は１９４２年（昭和17年）、日本石油台湾会社勤務中22歳で軍属として徴用された。パレンバンの石油精錬所に勤め、戦争が終わると上陸してきた英軍に、インドネシア人スパイ捕縛命令を受ける。しかし戦前より地元民と親交のあった巽はそれができず、独立軍に入ることになった。１９４８年オランダとの戦闘で大腿部に被弾した。①１９２１（大正12年）11月12日生まれ②台湾台北③スマトラ島パレンバン④石油会社など⑤妻と子５人　１９９８(平成11年)12月11日死去　１９８４年撮影、巽の家族

1

2

3

1　台北商業学校野球部時代の巽（左から２人目）。

2　台北商業学校卒業時の寄せ書き。右下に巽の名がある。

3　1940 年（昭和 15 年）台北商業の送別会（後列左より４人目）。

元陸軍上等兵　武藤守　ドラー・ムトウ

「当時、私は殺しのプロといわれ、武藤のドスの前に立つな、といわれたほどでしたが、独立戦争が終わると食うのに困りました。中国人経営の自動車工場で働き、その後自動車の部品を作る小さな工場を持ちましたが、大火で灰になってしまい、一からやり直し、ついてませんな。今は息子２人と３人の工員を使う工場がどうにかこうにかです。子どもは12人、多いほどいいです、今の日本では考えられないでしょうな」。①1923年（大正12年）４月26日生まれ②名古屋市③スマトラ島パレンバン④工場経営⑤妻と子12人　1999年（平成11年）４月17日死去　自身の鉄工場で作業する武藤、1984年（昭和59年）撮影

1

2

1　鉄工場の工員たちに囲まれて。

2　1995年(平成7年)日本国大使からの感謝状贈呈式後、残留元日本兵の会事務所を訪れた武藤の子と孫たち。

「妻の墓に土下座して謝りたい」

―土岐時治の半生から―

１９８２年（昭和57年）から、私は、インドネシアの首都ジャカルタにある日本人学校に、美術の教師として勤務していた。インドネシアの生活も2年をすぎようとしていたころ、私の車の調子が悪くなり、知人に紹介されたのがフセイン・フジヤマ（60頁参照）の修理工場だった。ジャカルタは古くから日本との交易がある。日系人がいても不思議ではない。車は直り、私は彼のこともすぐに忘れた。

そのフジヤマからある日、学校に電話がかかってきた。会わせたい人がいるというのである。約束の場所に行くと、フジヤマと同年輩の５人の男が待っていた。私は緊張した。

「あなたの父上には、ずいぶんとお世話になりました」

といったのは、元憲兵の小野寺忠雄（78頁参照）だった。

「長少佐はジャワ憲兵隊長として、部下の責任はすべて私の責任とおっしゃいました。そのおかげで日本兵捕虜の銃殺者が少なかったのです」

私は復員した父からビルマ戦線に従軍したと聞いていたから、すぐに小野寺の誤解であることがわかった。彼のいった長少佐は、長幸之助氏で戦犯として銃殺になっていることを後で知った。

彼らは日本の敗戦にもかかわらず、復員せずにインドネシア独立戦争を戦った元日本兵だった。彼らはどうして日本に帰ってこなかったのだろうか。私の素朴な疑問に、彼らは晩年にさしかかった半生を、時にユーモアをまじえ、時に激しながら話してくれた。それは私の耳に、歴史の巨大なうねりに呑み込まれた悲痛な叫びのようにも聞こえた。

残留元日本兵の組織「福祉友の会」の調べでは、当時１４５人の残留元日本兵がインドネシアで生活していた。自分たちの記録を「生きた証」として残したい。彼らはそう考えていた。私もそのお手伝いができないかと思うようになった。１９８４年（昭和59年）６月から勤務の合間を見つけて、私はカメラを持って赤道直下のスマトラ、ジャワに散らばる残留元日本兵を訪ね歩いた。帰国するまでに私が会った元日本兵は１００人を越えた。そのなかの1人、元陸軍伍長、土岐時治の半生を紹介したい。

＊

１９８４年11月、私はスマトラ島パレン

バン市から約１００キロ南のプラブムリ市に住む土岐を訪ねた。パレンバンは太平洋戦争のとき、日本軍の落下傘部隊が石油基地制圧のため降下し、「空の神兵」と軍歌になった土地である。土岐はハルジョー・ドキ、元プラブムリ駅長、独立戦争の英雄として、この町では有名だった。私を迎えてくれた土岐は、

「日本語を話すのは2年ぶりです。寂しいものです。ここにいると日本語がしゃべりたくてしゃべりたくて」と喜んだ。

　インドネシアで結婚した妻ヨマナは7年前に亡くなり、今は小学校の先生をしている娘のハルティと二人暮らしだった。

　土岐は１９１０年（明治43年）、石川県江沼郡大聖寺町（現・加賀市）で生まれ、尋常高等小学校を卒業後、地元の大聖寺川水電会社（現・北陸電力）に就職した。太平洋戦争が始まる3ヵ月前の9月2日、会社に妻の婦美からふるえ声で電話がかかった。

「あなた、招集令状がきました、すぐに帰ってください」

　土岐31歳婦美は26歳だった。令状には9月10日、神奈川県相模原電信第一連隊に入隊せよ、と書かれていた。

　明日は出征という夜、客が帰り静かになった茶の間で土岐は2人の子どもを呼び寄せ、静かにさとすようにいった。

「お父さんは、お国のために汽車や船に乗り、遠い国に行かなくてはならない。寂しいだろうがお母さんの言いつけを守り、兄弟なかよく、強く明るく育って、偉い人になり、お母さんを大切にしなさい」

　6歳になる長男の泰男が、「父ちゃん、行っちゃだめだよ」と泣きながら土岐の首にすがりついた。３つ年下の次男の雄司が体ごとぶつかってきた。この子たちと離れたくない。生きて帰れる保証はない。そう思うとたまらずに２人の子どもを強くだきしめた。

　いつの間にか婦美が側に座り泣いていた。

「かわいそうなのは一生父親の顔を知らないお腹のこの子です」

　そういって土岐の膝に泣き崩れた。婦美は出産間近い子を宿していた。土岐はまだ見ぬわが子が不憫だった。男の子なら雄三、女の子なら太平洋の洋をとって洋子と名付けてほしいといいながら、遺言のようだと感じていた。

＊

　南スマトラのラハトで土岐は敗戦を迎えた。連合軍が上陸し、土岐の部隊はインドネシア独立軍の動きをさぐり、情報をオランダ軍地区司令部にあげるよう指令を受けた。オランダのスパイの役回りだった。その年の11月、土岐はある集落で独立軍に囲まれ、協力しなければ銃殺すると迫られた。選べる道は一つしかなかった。

「日本に帰りたい一心でした。ただ妻子に会いたいと思いました」

　このわずか20日後に日本軍はラハトから去った。土岐は不運を嘆いて泣き明かした。

　独立軍に入った土岐は日本軍が捨てた武器を修理する担当となり、間もなくハルジョーと名のる。日本兵さがしのオランダ軍が土岐の潜む集落にも頻繁に現れたからだ。ゲリラ戦に明け暮れた土岐は、独立達成の2年後１９５２年（昭和27年）、インドネシア国軍を除隊、南部スマトラ鉄道省に入りプラブムリ通信区に配属された。

　この年、土岐は上司に紹介されたヨマナと結婚する。悩んだ末の選択だった。なぜ土岐は日本へ帰らなかったのか。消息を日

本へ知らせようとしなかったのか。私のぶしつけな質問に、土岐は苦しそうにつぶやいた。

「私は日本軍の逃亡兵です。祖国に手紙を出したかった、生きていることだけでも知らせたかったが、逃亡兵の私が連絡をとれば、非国民を出した家族といわれ迷惑がかかると思いました」

土岐が最も心配した逃亡の重罪は、日本軍が解体した日本で追求されるはずはなかった。

土岐がヨマナと結婚して4年目の1956年（昭和31年）、ジャカルタの日本大使館に、1通の手紙が届く。

「夫が生きていたら、帰ってほしい」という内容の婦美からの手紙だった。

「12枚の便箋には、涙の跡が残っていました」

しかし、土岐は返事を出そうとしなかった。出せば、帰れない理由としてインドネシアで結婚して子どもがいることを告げなくてはならない。この妻子をだれが養うのか。帰れば二重の罪を犯すことになる。自分は戦死したと思わせたほうが、婦美には幸せだろう。そう土岐は考えたのだった。

しかし、この年パレンバンにやってきた北陸電力の技術者が、土岐の生存を知り婦美に知らせた。婦美の手紙が、土岐の元に届き始めた。けれど土岐は返事を出そうとはしなかった。1962年（昭和37年）、同封されていた1枚の写真を見て、土岐は初めて筆を執った。写真には出征の時、妻のお腹にいて、今は20歳になった娘が微笑んでいた。言い残したとおり「洋子」という名前だった。返事には「無事でいること、済まないと思っていることだけを書いた」。

それから、土岐と婦美の間で手紙のやりとりが始まった。

土岐はそれを「涙の文通」と呼んだ。

梅干しや海苔が届くこともあった。ヨマナは「日本に帰ってもいい」といったが、土岐は黙って首を振るだけだった。1977年（昭和52年）ヨマナが病気で世を去る。会うこともないまま、土岐も婦美も老いていった。

＊

土岐が最初に受け取った手紙から26年後の1982年（昭和57年）4月、婦美の手紙にはこう書かれていた。

「お父さん、お元気ですか。私は血圧が高く病院に通っています。この体では会うことが出来ないと思います。でも私は頑張りもう一度元気になって必ずあいます。お互いに長生きしてその日を待ちましょう。なつかしのお父さんへ。婦美」

これが最後の手紙になった。

この年の8月20日、インドネシア国営放送とテレビ朝日が、衛星中継によるインドネシア残留元日本兵の肉親対面を放送することになった。

出演が決まっていた土岐は胸が騒いだ。その2週間前の8月6日深夜、土岐は不思議な夢を見た。婦美が黒地の紋付き姿で夢枕に立っていた。土岐には43年ぶりに姿を見る妻の思いの深さに感じられた。

その日、インドネシア国営放送のスタジオのテレビ画面に、なつかしい弟の顔が映った。手には、婦美の写真が抱かれていた。

「姉さん（婦美）は今日の日を待ち焦がれながら、8月15日にがんで死にました。せめて遺影に対面してください」

弟の言葉に土岐は「かんべんしてくれよ」と叫び、婦美の遺影が映るテレビ画面を涙を流しながらなでつづけた。

ほどなく届いた長男の泰男の妻からの手紙には、8月6日の夜、家族が婦美の枕元で観音経を読経したこと、いまわのきわに婦美が、私はいまインドネシアの死角にいる、苦しいからお父さんに電話して助けてくれるように言ってと、洋子に叫んでいたことなどが書かれていた。

読み終えた土岐は、目がくらみ手紙をにぎったまま倒れた。婦美の49日の忌日に、土岐は「涙の文通」を土間で燃やした。

翌１９８３年（昭和58年）6月、厚生省の未帰還者特別援護措置で、土岐は42年ぶりに故国の土を踏んだ。一行は土岐を含め４人の元日本兵だった。成田空港に迎えにでた泰男に土岐は「かんべんしてくれ」と繰り返し詫び、記者会見では、

「辛い思いを手紙で書き送ってきた妻の墓に土下座して謝りたいと思います。私は戦争という激流に負けました」と悲痛な言葉を語るだけだった。

娘の洋子に会ったときは、「いやあ、似とる、婦美によう似とる。一番会いたかったのはお前だった」といって、崩れるようにしてしがみついた。しかし、洋子は戸惑っていた。父という実感がわかないのだった。

土岐は釋尼妙文と書かれた真新しい婦美の墓に一瞬声をのみ、墓前で土下座した。

「苦労かけたのう。許してくれ。すまなんだ、すまなんだ。成仏してくれや」

地面に頭をこすりつけ、離れようとしなかった。土岐の２週間の里帰りは、涙にくれ涙に終わった。

プラブムリに帰っても、土岐は自分を責めつづけた。どうして祖国に帰らなかったのだろうか。マラリヤが再発し、毎日のように家族の夢をみた。夢の中で土岐は日本に帰り、台所で婦美が食事の支度をする音が聞こえる。「婦美、帰ってきたぞ」と声をかけると、妻は泣きだした。近づこうとすると姿がふっと消えた。「お父ちゃん、行っちゃだめ」「私はあなたの妻です」。次々と声が聞こえた。土岐は復員したら「婦美、帰ってきたぞ」と大声で叫ぶことを願ってきた。やがて土岐の枕元に、白い袴の婦美が夜毎、立つようになった。土岐は睡眠薬を飲んで自殺をはかった。

土岐が一命をとりとめたのは、娘のハルティが発見したからだった。土岐はキアイ（イスラム教の指導者）に悩みを打ち明け、老師の言葉に従って夢のことを手紙に書き、読み上げて婦美の供養をしてくれるよう泰男に送った。その後、婦美の夢は見ることがないという。

土岐は感情を抑えながら、しかし、耐えきれず涙しながら半生を語ってくれた。土岐の深い悲しみに私は圧倒されていた。

*

私に語ってくれたたくさんの残留元日本兵の人生の重さ、重い人生を背負わした戦争の過酷さ。撮りつづけた写真と、聞きつづけた言葉を、私はなんとしても記録に残したいと考えるようになった。取材を始めてから10年をへて、記録は『帰らなかった日本兵』のタイトルで１９９４年朝日新聞社から刊行された。そして「林忠彦賞」の受賞である。非力な私が１人でできる仕事ではなかった。すべては、あの灼熱の地に生きた残留元日本兵の、その思いの深さがさせたのだという気がしている。

そしてあれから30年以上が経過した戦後70年の今年、彼らの「生きた証」が写真集として出せる喜びを感じている。

元陸軍伍長　土岐時治　ハルジョー・ドキ

土岐の住むプラブムリでは彼は独立戦争の英雄、元プラブムリの駅長として有名である。土岐が町を歩くと通りがかりの人が会釈をする。独立の星と呼ばれる土岐は歴史に翻弄され悲しみの中で生きていた。① 1910（明治 43 年）1 月 7 日生まれ②石川県③スマトラ島プラブムリ④鉄道員⑤妻と子 7 人　1997 年（平成 9 年）2 月 22 日死去　1984 年（昭和 59 年）撮影

1

2

3

1　1936年（昭和11年）ころ、長男の泰男と、泰男は家族を捨てた父を許すことはなかった。

2　土岐出征後、帰りをひたすら待った日本の家族。

3　1932年（昭和7年）松戸工兵学校時の土岐　22歳。

1

2

3

4

1　1942年（昭和17年）マレー
半島を進軍する土岐（戦車左）。
2　マレー作戦時（前列左から2
人目が土岐）。
3　マレー作戦で負傷し入院した
土岐。
4　土岐が出征時残した遺言状と
遺品。中には遺髪と爪が入って
いる。

1　1982年（昭和57年）日本との衛星放送が通じジャカルタのスタジオで日本の家族と対面した土岐。
2　1983年6月、厚生省の里帰り援助で大聖寺町に着いた土岐は地元民に歓迎された。（J）
3　大聖寺の自宅に着いた土岐。（J）
4　自宅で感きわまる土岐。（J）

1

2

3

4

今朝お前の[illegible]をよんで泣けてくると、家内がパア、ハルエコ、ジャセガンスウサア
ヌグソイズヴ、パアンギル、デイ、シイニイサアジア、日本語では父よ悲しか
しい気持をすて、日本の妻を呼んで一緒に暮らせばよいのではないですか
と私をなぐさめてくれます。私は子供がなければ帰へりする気持ですが
子供をかゝへた私は帰へもできず結局一生をスマトラに送るのでせう
それに内地では私は痔病が有り冬になればへんとう線がはれ
胃が痛む等病気が有りましたが此方へ住んでから一度もその様な
病気も再発せず医者にかゝった事が有りません 結局私の体は暑い
国にふさうらしいです 長男がよく酒をのんで踊りなどをやるとの事
血は争へない。私もよく内地では酒をのんで踊りなどして皆さんを苦めし
て居た事が思出される。私はこゝ数年酒をのんだ事が有りません
時々のみたい気持がしますがビール[illegible]合瓶が三百五十円もするのでその高い
値段を考へるとのむ気持もなくなって来ます 牛肉が一キロ八百円
川魚が一キロ三百円もするので一年一度[illegible]には[illegible]食べた事が有り
ません 副食物で一ヶ月一万円以上かゝる位に着物をかってやる事も出来
ずつぎをあて着て居る状態です 大判の子供はそのような状態
ですからやむを得ません。今政府は[illegible]をかゝえ食糧増産をすゝめて
空地も畑地にかわり作物をどしどしと植えて居ります
あなたからいたゞいた薬（クスリ）は貴重品として時々のんだりつけたりして
居ました。今はあなたからいたゞいた薬もなくなりましたが
[illegible]此方の薬はあまりききめがなくて値段が高く
困ります。内地から日本の方が来て建設に従事して居ます 時々パレンバン
市で逢います。今日本の大きい建設はパレンバン市に[illegible]をかけて

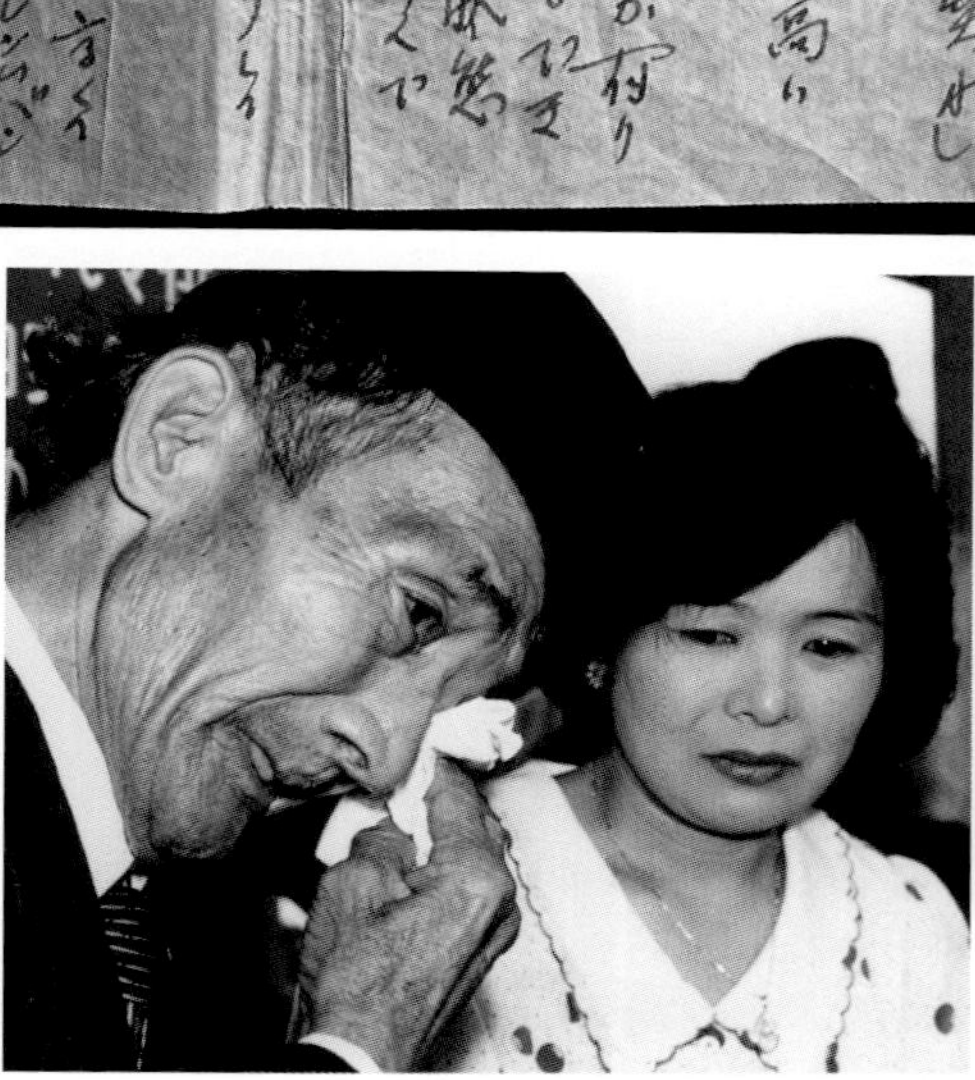

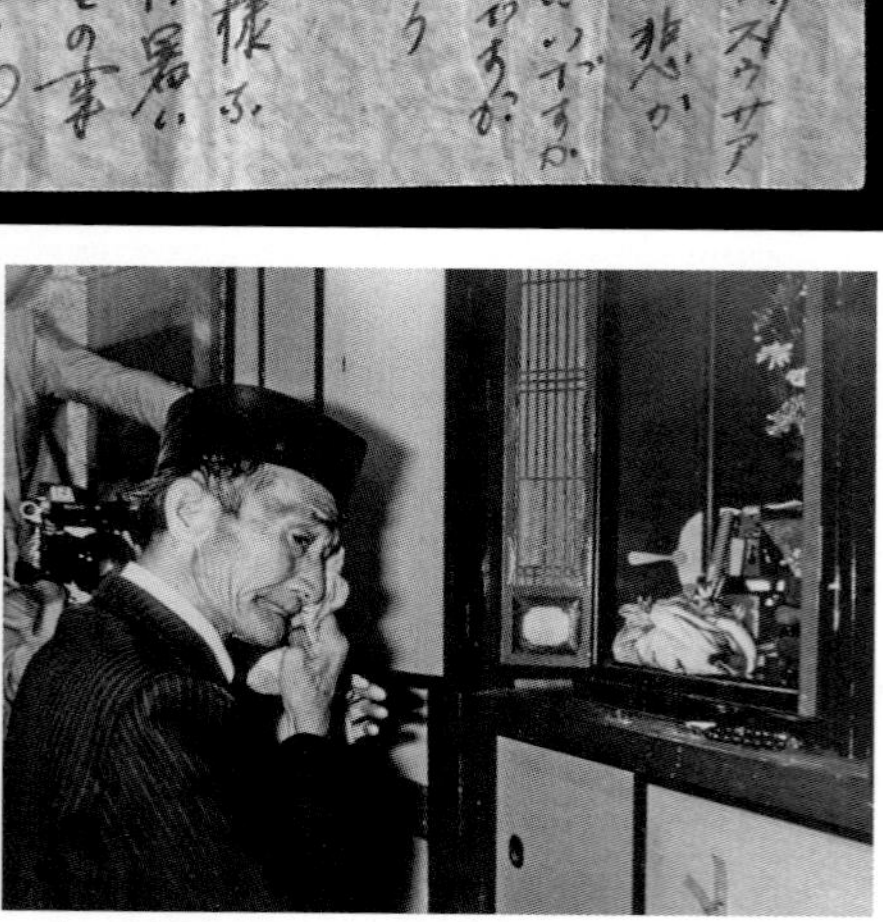

左　出征するとき妻のお腹にいた子は洋子と名づけられていた、洋子との対面に涙する土岐。(J)
右　妻の遺影の前で。(J)

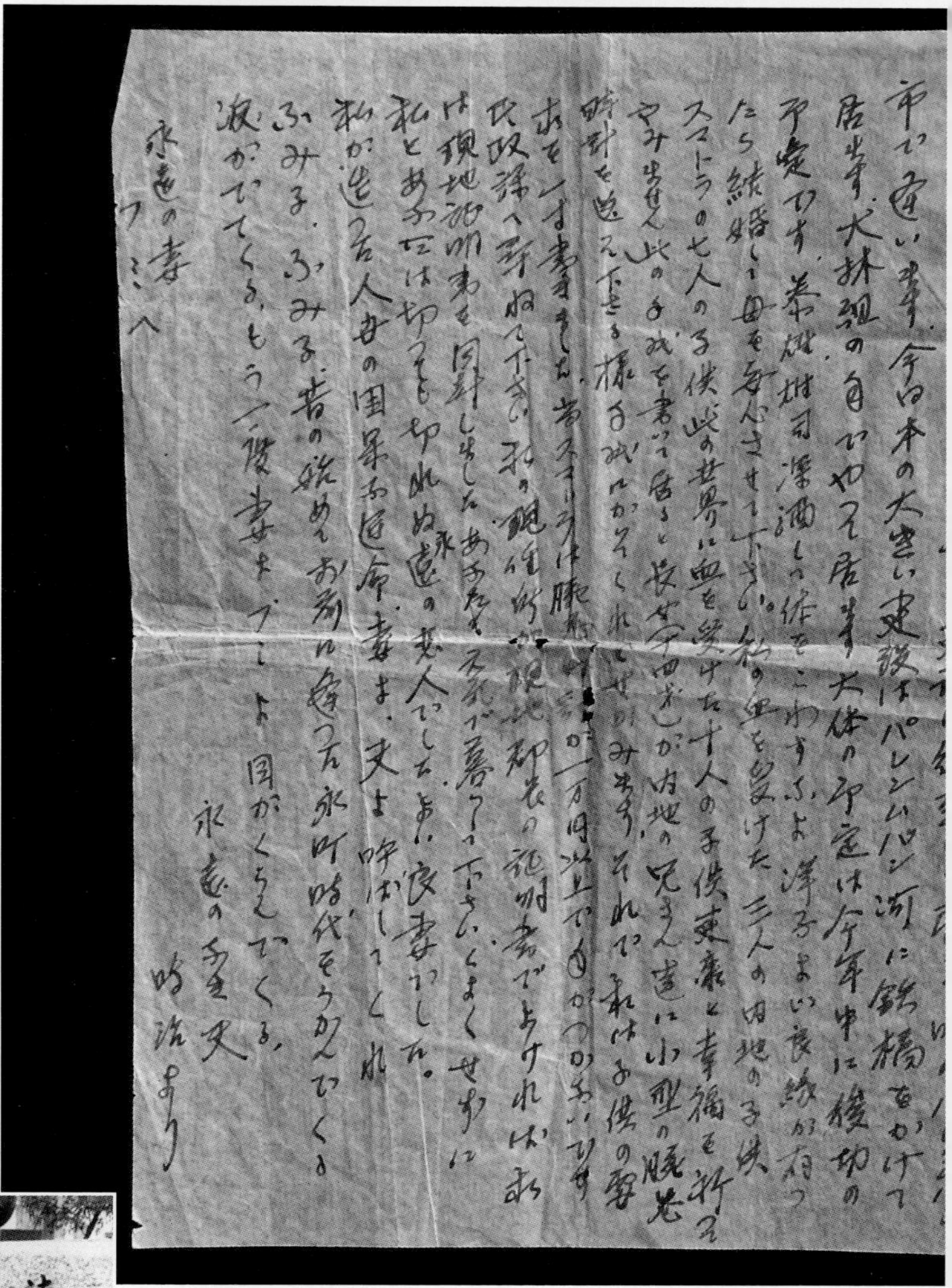

市で違います。今日本の大きい建設はパレンバン河に鉄橋をかけて
居ます。大林組の自分でやって居ます。大体の予定は今年中に竣功の
予定です。[illegible]作をこわすふよ洋子よい良縁が有つ
たら結婚し母を安心させて下さい。私の血を受けた三人の内地の子供
スマトラの七人の子供此の世界は血を受けた十人の子供の更なる幸福を祈る
やみません。此の手紙を書いて居ると長女(守田ちゃん)が内地の兄さん達に小型の腕巻
時計を送って下さる様子みればわかるくれせがみます。それで私は子供の要
求を一寸書きました。当スマトラは腕時計が一万円以上で[illegible]
民政部へ訪ねて下さい。私の[illegible]の説明書でよければ私
は現地説明書を同封しました。あなた達も元気で暮って下さい。よくせずに
私とあなたは切っても切れぬ永遠の妻人でしたよ。良妻でした。
私が逢った人母の国果る迄命。妻よ。文よ 呼ばしてくれ
ふみ子。ふみ子。昔の眺めでお別れ逢った永町時代をうかんでくる
涙がでてくる。もう一度妻よ。フミよ 目がくらんでくる。
永遠の妻 文
晴治より
永遠の妻
フミへ

土岐が妻に送った手紙。

妻の墓前で土下座し謝る土岐。(H)

元陸軍兵長　相原秀雄　ハミド・アイハラ

1940年（昭和15年）入隊。台湾、フィリピンを経てパレンバン上陸。終戦後、相原の部隊は自活のため近くのバトラジャ農園にいた。通信隊の相原は本隊に連絡するため車で走行中、山中で独立軍に拉致され参加を強要される。「いやといえない状況でした。独立軍は車も武器も日本人も欲しかったのです」。1984年（昭和59年）撮影。①1919年（大正8年）9月1日生まれ②神奈川県③スマトラ島ランポン④農業など⑤妻と子2人　1987年（昭和62年）1月21日死去

元陸軍兵長　落合重次郎　アブドラ・サラム・オチアイ

「昭和16年入隊。満州、フィリピン、マレー、シンガポールを転戦し、スマトラ島ランポンで終戦を迎えました。敗戦後は、タンジュンカラン郊外の農園の宿舎に、日本人軍属、一般邦人、約400名が集められ、我々の部隊が宿舎の警備にあたりました。その時に農園主から独立援助を頼まれて離隊したのです。ひどい闘いでした。オランダ軍は戦車でやってくる。我々は銃もありませんから、戦争になりません。ただ逃げるだけでした」。1984年(昭和59年)撮影。①1920年(大正9年)6月15日②宮城県③スマトラ島タンジュンカラン④農業など⑤妻と子2人　2001年（平成13年）1月27死去

元陸軍軍属　宮本英重　モハンマド・スヤフェイ・ミヤモト

宮本に年齢を聞くと、「わしかい…そうだな…40 になったかいな」といった。宮本はすでに 70 になっているはずだ。「にっぽんに、かえりてえ」とうめくようにいって大粒の涙を流した。一時帰国の機会もあったが、宮本には引き受ける日本の家族がいなかった。だから宮本は終戦後一度も日本に帰ってない。養女が「パパはこのところ、日本のことをよく話している。パパを日本に帰らせることは出来ないだろうか」といった。娘の声が聞こえたのか、宮本はつぶやくように、「ふるさとは、あまりに、とおい、げんえい、です」といった。案内役の青山久一が「宮本さんには内地に妻子がいるんですが、連絡が取れないのです。妻子を捨てたことを怒っているのでしょう」といった。1984 年（昭和 59 年）撮影。① 1920 年（大正 9 年）生まれ②三重県③スマトラ島タンジュンバレー④建築業など⑤養女とその子 2 人　1988 年（昭和 63 年）2 月 26 日死去

英雄勲章を付けた宮本、
1950 年ころ。

元陸軍軍曹　藤平武司　アドブル・マナフ・フジヒラ

1935年(昭和10年)近衛連隊入隊、翌年除隊、1939年召集を受け近衛師団入隊。その後、宇品から広東、インドシナ、タイを転戦し、マレー、シンガポール作戦に参加、1942年スマトラ島に上陸し終戦を迎えた。青春を戦火の中で送った藤平は戦争を語らなかった。肺を患い右半分はすでになく、「もう終わりですな」とだけいった。1984年(昭和59年)撮影①1915年(大正4年)2月27日生まれ②栃木県③スマトラ島タンジュンバレー④医者など⑤妻と子3人　1996年(平成8年)2月3日死去

元陸軍兵長　森下孝之助

モハンマド・サハラ・モリシタ

「敗戦後、戦友が戦犯名簿にK・Mのイニシャルがあると知らせてくれたのです。戦犯はまちがいなく銃殺です。それで私は、逃亡したのですが、今思うとどうして確かめなかったのか悔やまれてなりません。独立戦争後も人目を忍んで暮していました」。スマトラ25軍関係の戦犯処刑者の中に、元陸軍軍曹・宮原清人の名があった。イニシャルはK・Mである。1984年（昭和59年）撮影。

①1919年（大正8年）8月1日生まれ②大阪府③スマトラ島ルブックパカン④診療所経営⑤妻と子3人

1990年7月7日死去

残留元日本兵に関わった人達

あの日、日の丸に送られ出征したときから
残留元日本兵の過酷な人生が始まった。

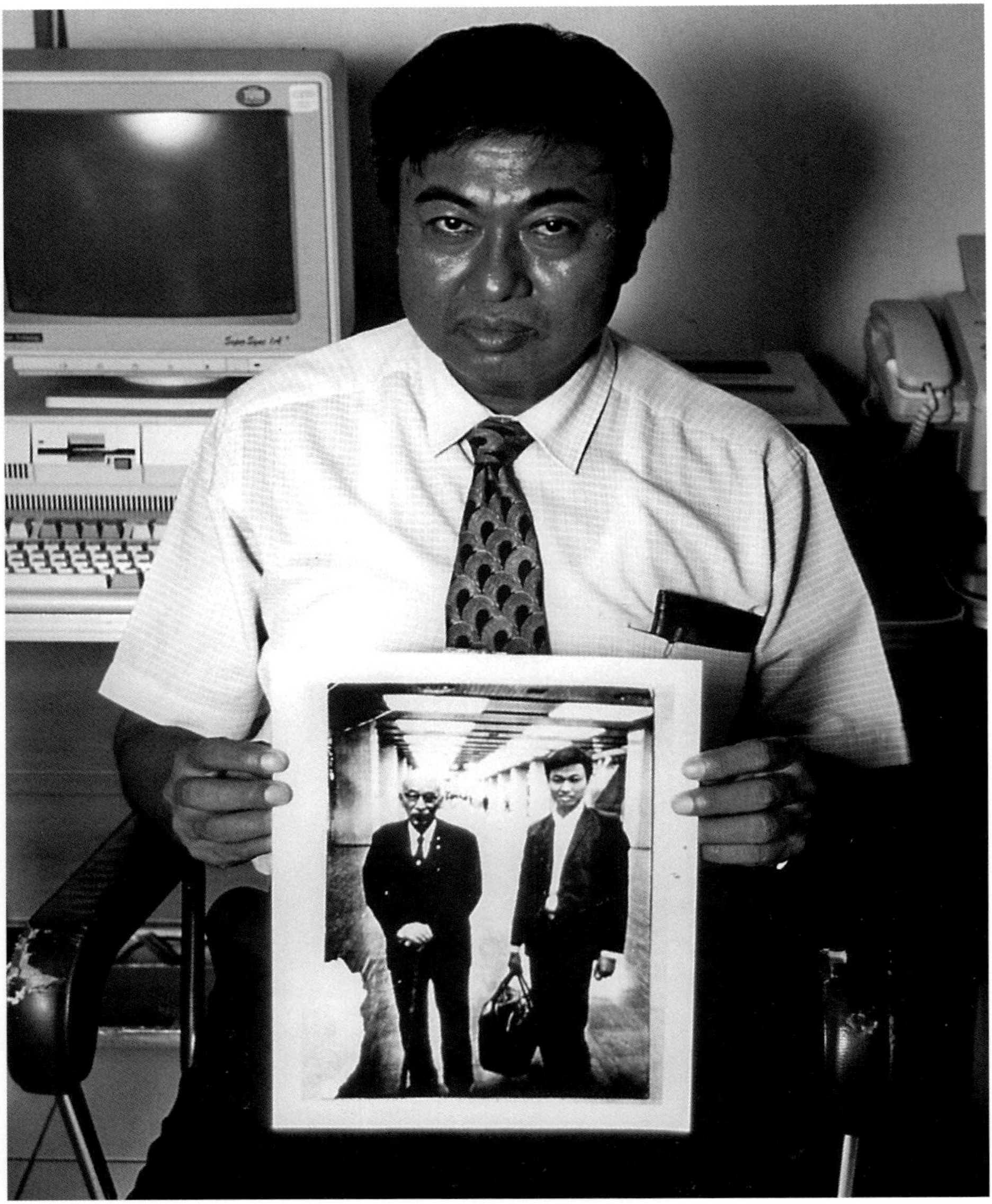

元陸軍曹長　藤原浅次郎遺児　ウイリー・フジワラ

1945年（昭和20年）スラウェシ島に生まれたウイリーは、子どものころヤパーニ（日本の子）といじめられた。父が元日本兵だと教えたのは祖母だった。高校を卒業するとジャカルタに出てアルバイトをして短大に学び、日本行のチャンスをまった。1970年（昭和45年）ウイリーは船に乗り日本に向かう。日本に行き1年3か月後、京都で父と会うことができた。彼は「本当にお父さんですか!」といい抱きついた。父との再会の写真を手に、1997年（平成9年）撮影。①1945年（昭和20）11月25日生まれ②スラウェシ島③ジャカルタ④鉄工場経営⑤妻と子4人

元陸軍軍曹　梅田実の長男　ジャムハリル・ハルオ・ウメダ

2004年（平成16年）8月、元日本兵の墓に立つハルオ・ウメダ。父の陸軍飛行隊軍曹・梅田実は新潟県出身で、最後の特攻隊員として終戦を迎え、独立戦争に参加した。ハルオは父から「石の上にも三年」「腹八分目」など、日本的な教育を受けた。そして父の勧めで奈良県にある天理大学で学んだ。父は「日本とのつながりを忘れるな、無くなったら困る」といって1984年（昭和59年）3月に亡くなった。2004年8月撮影①1952年（昭和27年）2月27日生まれ②スマトラ島メダン③スマトラ島メダン④通訳など

元陸軍軍属　梁川七星（朝鮮名・梁七星）遺児　エディ・ヤマガワ
父は戦中オランダ人捕虜収容所に務め、独立戦争中は現地名をコデルマンと名乗る精鋭軍団シリワンギ部隊の兵士だった。１９４８年（昭和23年）２月、西部ジャワ・ガルトで弾が尽きオランダ軍の捕虜になった。半年後の８月、手足を鎖につながれたままガルト市内を引き回された後、埋葬用の墓を掘らされ銃殺された。エディが父を語ることはなかった。１９９１年（平成３年）８月撮影。

1948 年 8 月 10 日　処刑直前の父・梁川七星（左）。他の２人も元日本兵。手首に鎖が見える。

石井の長男・ヤントの息子の結婚式。スラバヤ市内の高級ホテルで、前列左がヤント。2012 年（平成 24 年）撮影。

元陸軍准尉　石井正治　モハムンド・アミン・イシイのファミリー

父は元近衛捜索連隊の主計である。スマトラ島で終戦を迎え独立戦争に参加した。戦後は日本商社に入り、スラバヤで独立すると蒟蒻の輸出やサンダル工場をつくり財をなした。①1916年（大正5年）7月29日生まれ②北海道③ジャワ島スラバヤ④工場経営など⑤妻と子4人　2002年（平成14年）7月27日死去

父・石井正治。1952 年（昭和 27 年）スマトラ島メダンにて。

一般邦人　奥山寿一郎遺児　マノポ・オクヤマ

父は軍人でなく川崎自動車の社員だった。インドネシア人と結婚したが戦後間もなく連合軍命令で帰国。マノポは小さいころ、日本人だといじめられた。父と日本への思いが、マノポを日本に向かわせる。必死で日本語を学び、1969 年（昭和 44 年）早稲田大学に留学した。学費はインドネシア語講座を開き工面した。今は貿易会社を経営している。1990 年（平成 2 年）9 月、乙戸が引き連れ来日した 2 世 15 人の代表として挨拶するマノポ。1990 年（平成 2 年）東京青山会館で撮影。①1945 年（昭和 20 年）生まれ②南スマトラ・バンカ島③ジャカルタ④貿易会社経営

日系二世訪日団歓迎会は、1990年（平成2年）9月、関係者を集めインドネシア共和国45周年記念祝賀会とともに東京青山会館で行われた。二世一行15名である。来日の目的は、「日本各界の支援に対する謝意、日本各界との交流、二世と関係者との交流、企業などの見学、二世と日本との新しい繋がりの醸成する」ことにあった。会場で紹介される二世たち。

参加者　（　）内1990年当時の年齢

元陸軍軍曹・梅田実遺児 ジャムハリル・ハルオ・ウメダ（38）、元憲兵伍長・堤義勝遺児 ロヒマ・カズコ・ツツミ（33）、一般邦人・奥山寿一郎遺児 マノポ・オクヤマ（45）、元陸軍軍属・中川義郎遺児 ロカワティ・ナカガワ（28）、ルナ・ナカガワ（38）、元陸軍一等兵・戸室芳生遺児 サチミ・ナガガワ（36）、元陸軍軍属・石峰英雄遺児 リチャード・イシミネ（42）、前田一男遺児 ブスタマン・マエダ（41）、元陸軍曹長・藤原浅次郎遺児 ウイリー・フジワラ（45）、元捕虜収容所監視・梁川七星遺児 エディ・ヤナガワ（43）、元陸軍上等兵・米田義男遺児 ランドリィアティ・ヨネダ（29）、元25軍軍政部関係軍属遺児 ヤスコ・コイズミ（45）、元陸軍伍長・高瀬源之助遺児 タジュディン・タカセ（40）、元陸軍兵長・田中光之遺児 スギオノ・タナカ（38）、軍属・金山春雄遺児 ウイラワン・カナヤマ（43）

日本軍の補助部隊　郷土防衛義勇軍小団長
プロボ・S・スウォンド

高校生のときに大東亜戦争が始まり、日本軍の上陸を知り恐れたが、日本人の教育が始まると自身がインドネシア人だという民族意識が高まった。16歳でボゴールの郷土防衛義勇軍に入る。独立戦争中は郷土防衛義勇軍が核となり戦った。日本軍の侵攻が独立の契機になったことは確かだ。2005年（平成17年）旭日中綬章受賞。2008年（平成20年）7月撮影。①1927年（昭和2年）生まれ②中部ジャワ③ジャカルタ④元インドネシア国軍中将、国連大使

インドネシア国軍時代や国連大使時代のアルバム。

日本軍が兵力補てんのため組織した郷土防衛義勇軍の訓練。

元独立軍兵士
バンバン・プルノモ

バンバン・プルノモは、中部ジャワ・トマングンで小さな日本語学校を経営している。独立戦争中は中部ジャワを中心に戦った。兄のスゲンは、郷士防衛義勇軍の出身で独立戦争を戦い、戦後は初代駐日大使になった。日本人百数十人が虐殺されたブル刑務所入口にて。1997年（平成9年）10月撮影。

1948年（昭和23年）ころのラハヤ氏。

元日本軍政監部職員　元南方留学生
R・H・Mハッサン・ラハヤ

大東亜戦争が始まると高等師範学校を繰り上げ卒業となり、日本軍政監部に通訳として勤務。その後南方留学生として広島文理科大学（現広島大学）在学中に被爆。級友の多くが死に、広島の惨状を目のあたりにする。終戦後は、GHQで働き資金をため慶応大学に入学、政治学を学ぶ。帰国後は日イ貿易を行い、国会議員などを歴任、日本留学生協会を設立、日イの友好親善に尽くす。2005年（平成17年）、旭日中綬章受賞。2008年（平成20年）7月撮影。①1922年（大正11年）生まれ②西ジャワ③ジャカルタ④国会議員など

元南方留学生　ペリック・パネ（日本名・藤野平陸）
１９２４年（大正13年）東スマトラに生まれ、その後カリマンタン島で青年期を過ごす。１９４３（昭和18年）年、南方特別留学生として貨物船・かぐ丸にて来日、目黒の大東亜寮に入寮。東京空襲の戦禍をくぐり、山口に疎開、8月15日を迎える。戦後は、ＧＨＱに勤め、東京美術学校（現東京美術大学）に学び、その後ＮＨＫ国際放送のアナウンサーとして、１９９８年まで国際交流に貢献する。１９９３年（平成５年）日本に帰化。①１９２４年（大正13年）生まれ②スマトラ島③日本④アナウンサーなど
２００８年（平成20年）新宿駅で撮影

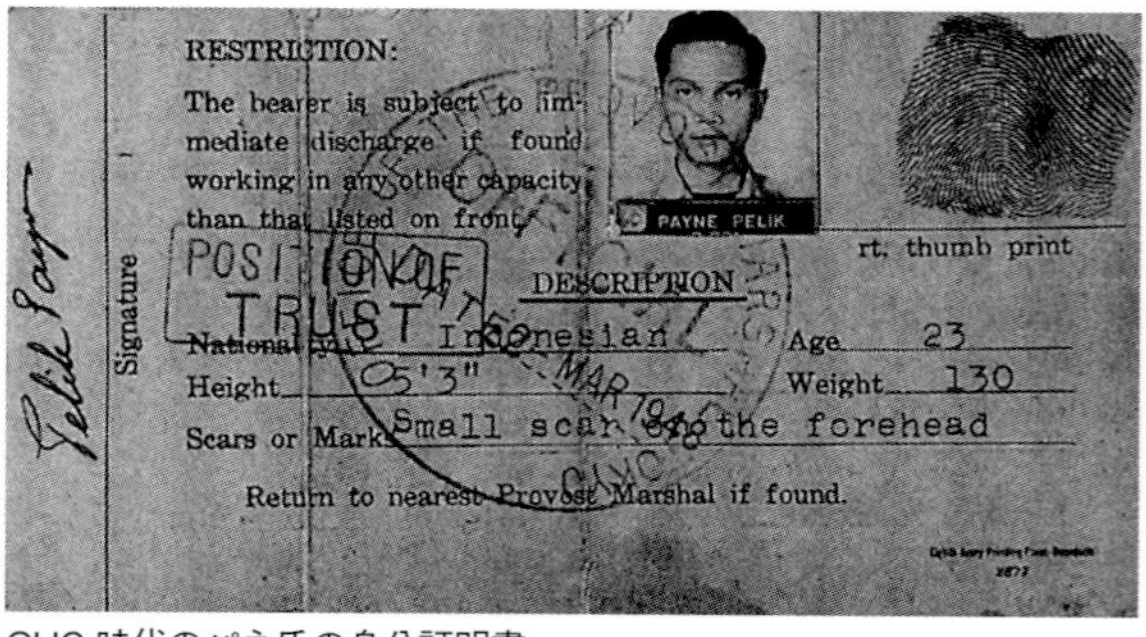
RESTRICTION:
The bearer is subject to immediate discharge if found working in any other capacity than that listed on front.
POSITION OF TRUST
PAYNE PELIK
rt. thumb print
DESCRIPTION
Signature
Nationality Indonesian Age 23
Height 05'3" Weight 130
Scars or Marks Small scar on the forehead
Return to nearest Provost Marshal if found.

GHQ 時代のパネ氏の身分証明書。

ブガワン・ソロの作曲者
グサン・マルトハルトノ

1917年（大正6年）、中部ジャワ州ソロに生まれ、演劇や歌を演じる楽団に入る。戦中は、日本軍の慰問団としてインドネシア各地で歌った。1980年（昭和55年）に初来日し、東京などで演奏し日本人の心をとらえる。名曲「ブンガワンソロ」は、グサン氏20代の作品で、ゆったりとしたメロディーは、ソロ川の雄大さとソロ川周辺の歴史を感じることができ、古きよき時代へといざなう。①1917年（大正6年）5月20日生まれ②③ジャワ島ソロ2010年（平成22年）5月20日死去　2008年（平成20年）父母の肖像画とともに自宅で撮影

ブンガワンソロ
果てしなき
清き流れに今日も祈らん
ブガワンソロ　夢多き
幸の日讃え　共に歌わん
聖なる河よ　我が心の花
祈り歌乗せ　流れ絶えず

元陸軍軍属　菊池輝武

戦中はバンドンに近いチマヒで軍属として三井物産に所属していた。1944 年（昭和 19 年）インドネシア人と結婚、敗戦の翌年妻を連れ帰国。1969 年（昭和 44 年）ジャカルタに日本料理店「菊川」を開店する。ここで残留元日本兵の集まりが度々行われた。菊池は、元日本兵が取っ組み合いの喧嘩をするのを度々見たという。①1918 年（大正 7 年）生まれ②佐賀県③ジャカルタ④日本料理店経営⑤家族構成不明　2011 年（平成 23 年）10 月 9 日死去　2005 年、日本料理店「菊川」の前で撮影。

戦後70年を前にした２０１４年（平成26年）８月、インドネシアに残った最後の元日本兵小野盛さんが亡くなった。この時、１９８４年来、本格的に残留元日本兵と関わってきた私の長い旅が終わったと感じた。

残留元日本兵の全ての人が黄泉の国にいった喪失感に火を点けたのが、ジャカルタ新聞の阿部記者からの記事依頼だった。その時私は、30年間取材したことは、ひょっとしたら私の財産なのかも知れないと思った。しかし、もう先の戦争の記憶が薄れ風化していく中で、今さら残留元日本兵ではないだろうと、その後悶々と日々を過ごしていた。

30年の間、多くの残留元日本兵や二世、三世、そして関係者に会い、昭和の激流に流された多くの残留元日本兵の生き様を見てきた。そこに多くの別れがあり、多くの死があり、多くの悲しみがあった。戦争が人の人生や家族の平穏な生活を突如として奪う、それは中東、アフガン、ウクライナなど多くの地で今も繰り返されている。

残留元日本兵の写真展は数多く開催し著作もあるが、彼らを網羅した写真集を出してない。戦後70年の今年、写真集を作ろう、それも取材したもの、集めたものを全てを入れよう。

しかし、彼らを取材した時、多くの方は「恥をさらしたくない」「戦争を体験してないお前に何がわかる」といわれ撮られることを拒んだ。私の作品はけして褒められるものばかりではない。ふつう作品を創ろうとすれば光や場所を選び、時間をかけ何枚も撮り、その中から選ぶのが普通だ。だが、撮らしてもらえないのだから、いいものはできない。それも写真家のいい訳といわれれば返す言葉はない。

取材に好意的になったのは私が取材を始めて10年以上経過した１９９５年、在イ日本国大使の渡辺泰造氏が残留元日本兵に感謝状を送った時以後のことである。しかし、その時はすでに取材開始時の半数の方が亡くなっていた。その後も取材を続けると同時に16年間に渡り、彼らの二世、三世そしてインドネシアの子どもたちに対しての奨学金の支給活動などを行った。

戦後70年を前に、私がファインダー越しに記録した残留元日本兵の姿は、貴方しかやっていないのだから、と多くの方が私の背を押してくれた。そしてダメもとで社会評論社の松田さんに写真集作成の話を持っていった。その結果がこの作品につながったわけである。

改めて数千枚のネガを掘り起しデジタル化する作業は容易でなかった。数か月パソコンにしがみつき、資料と照らし合わせると、妙なことに気づいた。厚生省が調べた未帰還者名簿には朝鮮半島や台湾出身者の名がなかったからである。

また残留元日本兵が逃亡兵の汚名を恐れ、本名を名乗らず現地名で通し戦死した例は、日本名もわからず不憫だった。おそらくインドネシアの大地にはいまだに多くの日本兵の亡骸が眠っているはずである。

バリの英雄墓地には日本人とだけ記された墓石やスマトラ島の寒村にある無名戦士の墓は、日本人が眠っていると村人に聞いただけで墓碑銘もなかった。それでも村人に尊敬され埋葬されたことは幸福ですよ、という残留元日本兵の言葉が胸にささった。

この写真集は、１９９４年に朝日新聞社が出した『帰らなかった日本兵』を加筆し、２００７年に社会評論社から出した『インドネシア残留元日本兵を訪ねて』とセットで見ていただけると幸いである。

長 洋弘

２０１５年７月

〈著者紹介〉

長 洋弘（ちょう　ようひろ）

1947年、埼玉県に生まれる　谷川岳の山岳ガイド高波吾策氏に師事

東南アジアや中東を得意とする写真家、作家、教育者

国際児童年記念写真展大賞、林忠彦賞、土門拳文化賞奨励賞、社会貢献者表彰など受賞

近年ではインドネシア・日本国交樹立50周年記念写真家として世界遺産などを取材

日本写真協会会員　文化庁登録写真家

著書に『帰らなかった日本兵』（朝日新聞社）『海外日本人学校』『二つの祖国に生きる』（草の根出版会）『遥かなるインドネシア』『ぱんちょろ よーちゃん』『バリに死す』（燦葉出版社）『インドネシア残留元日本兵を訪ねて』『冒険に生きる』『ババ・バリ』社会評論社などがある。

写真集　インドネシア残留元日本兵　なぜ異国で生涯を終えたか

2015年8月10日　初版第1刷発行

著　者　長　洋弘

装　釘　臼井新太郎

発行人　松田健二

発行所　（株）社会評論社

東京都文京区本郷2-3-10　TEL 03（3814）3861

印刷・製本所　倉敷印刷（株）